저자소개

윤인철
조선이공대학 강의전담교수
WEFC공동구매협의체 사무국장
silano77@hanmail.net

현재 조선이공대학 프랜차이즈 서비스창업과 강의전담교수이며, 외식업프랜차이즈 사업에 대한 우수한 마인드와 경쟁력을 갖춘 프랜차이즈 본사들의 모임인 WEFC공동구매협의체 사무국장으로서 프랜차이즈 본부의 가맹점 출점시 필요한 모든 물품에 대해 공동구매를 담당하고 있다. 또한 (주)동원 F&B의 영업현장에서 다년간 습득한 유통실무 지식과 중앙대학교 창업경영대학원에서 창업컨설팅을 전공한 후, 창업전문가로서 프랜차이즈 시스템 구축, 소상공인 창업교육, 자영업컨설팅, 홍보마케팅 등 외식업 프랜차이즈 업계의 풍부한 경험과 현장실무를 바탕으로 정부, 관공서, 대학에서 창업관련 강사로 활동하고 있다.

이호
leeho87@paran.com

국내의 다양한 창업 전문 매체 편집국장을 역임하며, 창업시장의 다양한 이야기를 풀어내는 이야기꾼이다. 예비 창업자와 프랜차이즈 종사자들에게 도움이 되는 정보를 생산하는데 열정을 쏟고 있다. 오랜 기간 다양한 분야와 매체에서 기자로 활동하면서 사물에 대한 이해와 정보를 풀어내는 능력이 뛰어나다는 평을 듣고 있다. 이를 바탕으로 다양한 창업 분야에 관심을 확대하면서 강의 활동도 활발히 펼치고 있다. 현재 MBN DMB라디오 생방송 '브라보 마이 라이프' 창업 패널로 고정 출연하며 창업 아이템 등 다양한 창업정보를 전달하고 있다.

전한솔
jeonhansole@naver.com

전주대학교 외식산업학과를 졸업하고 2008년 봄, 창업 관련 전문매체에 입사해 창업 전담기자로 활동했다. 프랜차이즈 가맹본부 CEO를 비롯해 임직원들과 창업자들을 만나고 취재하며 그들의 이야기를 기사에 담아냈다. 한식 등 요리사 자격증을 취득할 정도로 외식업에 대한 관심이 높다. 현재 다양한 매체의 객원기자로 창업 시장에서 맹활약을 하고 있다.

머리말

꽤 마음에 들던 음식점이 있었다. 맛도 괜찮았고, 서비스도 좋았다. 가든형이라 나름 운치도 있었다. 그런데 얼마 전 방문한 가게는 입구가 막혀 있었다. 공사중이며 간판도 없어졌다. 궁금하던 차에 주인에게 전화를 걸어 물었다. "음식점 운영이 매출은 괜찮았지만, 사실 몸이 힘들고 그러는데, 마침 권리금도 비싸게 쳐 준다고 해서 조금 쉬려고…" 가게를 내 논 이유다. 이 분이 장사한 시간은 3년 정도다. 창업시장이 이렇다. 점포 운영을 3년 이상 하기가 힘들다. 매출이 떨어져서, 몸이 힘들어서, 이제는 돈 좀 벌어서 등 이유는 다양하다. 자영업 시장이 어렵다는 소리는 어제오늘 나온 이야기가 아니다. 하지만, 여전히 우리는 창업을 꿈꾼다. 사장을 꿈꾸며 대박을 위해 노력한다. 창업을 성공하기 위해서는 알아야 할 것들이 한두가지가 아니다. 창업시장도 사회 환경의 급속한 변화에 따라 큰 흐름이 바뀌고 있다. 독립창업자는 꾸준히 감소하는 반면 프랜차이즈 자영업자는 오히려 계속 증가하는 추세다. 이제 소자본 창업의 중심에 프랜차이즈 창업이 있다. 많은 예비창업자들이 과거의 부정적이고 불공정한 창업시장의 환경에서 벗어나 합리적이고 잘 준비되어있는 검증된 프랜차이즈를 선호하는 추세다.

창업은 적은 자본으로 내가 하고 싶은 일, 나의 적성에 맞는 일, 내가 가장 잘 할 수 있는 일, 자신이 즐겁게 할 수 있는 일을 하면서 수익을 발생시키고 그것을 통해 내 인생의 궁극적인 목표를 이룰 수 있다는 점에서 매력적이다. 그러나 일반적으로 예비창업자들은 창업에 대해 너무나 쉽게 생각한다. 프랜차이즈 본사나 각종 정보 매체에서 어떤 아이템이 좋다고 하면 아이템의 라이프사이클이나 유행 업종인지, 아니면 유망업종인지 등을 검토하시 않고 창업에 쉽게 나선다. 상권도 마찬가지다. 아이템과 어울리는 상권과 입지가 어떠한지, 그리고 자기 자금에 맞는지도 파악해보지 않고 주위의 말만 믿거나, 가맹본사의 말에 현혹되어 창업하는 경우가 다반사이다.

독립창업에 비해 프랜차이즈창업은 특별한 노하우나 경험 없어도 누구나 할 수 있다는 장점이 있다. 그러나 성공하기란 결코 쉬운 일이 아니다. 특정 분야의 전문가 보다는 다방면에서 지식과 경험이 풍부한 것이 유리하다. 아이템에 대한 주력상품은 무엇이고, 주 고객은 누구이며, 주 영업시간대와 얼마에 팔 것인지 등을 구체적으로 점검하여 일정 이상의 투자수익률이 가능한가 여부를 따져 자신에 맞는 업종을 결정하라는 이야기다.

창업은 새로운 시작을 의미한다. 시작은 사전에 완벽한 준비와 대비를 전제로 해야 성공에 근접한다. 그러나 아직도 많은 예비창업자들이 자신의 아이템을 결정하지 못하고 있는 것이 현실이다. 이 도서는 그런 분들을 위한 책이며 현장에서 보고 듣고 느낀 창업의 다양한 사례를 통해 새로운 창업성공 방향설정에 도움이 될 것이라 생각한다.

창업관련 사례에 인터뷰를 응해주신 자영업 사장님들과 독자들에게 다양한 경험을 할 수 있도록 외식 쿠폰을 지원해주신 외식 프랜차이즈 대표님들께 감사의 말씀을 드린다. 마지막으로 창업 성공은 원대한 밑바탕이 준비되어야만 이루어지는 것은 아니다. 나의 작은 실천과 고객을 먼저 배려하는 마음, 반드시 성공하겠다는 자신에 대한 믿음이 먼저 선행되어져야 한다. 모든 자영업자와 예비창업자들이 대박을 이루기를 간절히 기원한다.

윤인철, 이호, 전한솔

차례

{ 1장 창업 전 이것만은 알자 / 11 }

- ❖ 프랜차이즈 창업과 독립 창업의 차이 _ 12
- ❖ 소상공인 지원제도를 알면 5천만원이 생긴다! _ 16
- ❖ 프랜차이즈 본사 선택의 3가지 기준! _ 19
- ❖ 정보공개서를 모르면 프랜차이즈 하지 마라! _ 24
- ❖ 가맹계약서는 꼼꼼히 살펴야 손해를 안 본다! _ 27
- ❖ 자금이 부족해? 그래도 맞춰라! _ 34

{ 2장 아이템 선택시 고민하지 마라 / 37 }

- ❖ 소비 트렌드 파악을 먼저 하라 _ 38
- ❖ 유행 아이템이 유망하지 않는 이유 _ 44
- ❖ 아이템 장단점, 이렇게 파악해라 _ 48
- ❖ 상권별 소비자 흐름을 알아야 하는 이유 _ 53

3장 점포 입지가 매장의 성공을 좌우한다 / 59

- ❖ 창업 1년 후 내다 보는 방법, 선점점포 _ 60
- ❖ 좋은 점포를 찾는 3가지 방법 _ 66
- ❖ 프랜차이즈 선택시 점포 _ 69
- ❖ 입지별 점포 선정 요령 노하우 _ 71
- ❖ 비어있는 점포 활용법 5가지 요소 _ 75

4장 매장 오픈 전 이건 알고 하자 / 87

- ❖ 사업은 돈 만드는 기계다. 시스템을 만들자 _ 88
- ❖ 장사에 대한 기준을 세우면 실패하지 않는다 _ 92
- ❖ 상품이 아니라 정성을 팔아라 _ 97
- ❖ 고객 호응을 이끌 서비스 마케팅 갖춰라 _ 100
- ❖ 인터넷 · 소셜마케팅을 이용하라 _ 106

{ 5장 점포 운영 / 111 }

- 오픈 효과를 믿지 마라! _ 112
- 내가 만족하는 것과 고객이 만족하는 것의 차이를 느껴라! _ 117
- 좋은 종업원이 단골 고객을 만든다! _ 122
- 매장별 효과적인 인테리어가 중요한 이유 _ 128
- 생존을 위협하는 경쟁점포 대응 요령! _ 132
- 청소만 잘해도 매출이 오른다! _ 137
- 혼자 할 수 없다면 프랜차이즈 본사를 이용하라 _ 141

{ 6장 창업세무 기초지식 / 145 }

- 사업자 등록과 부가가치세 신고요령 _ 146
- 근로계약서 작성시 주의할 점 _ 156
- 사업계획서, 제대로 써야 손익분기 맞춘다! _ 162
- 세테크의 기본, 절세 요령 _ 171

할인쿠폰 증정 _ 173

시크릿 창업

{ **창업 전** }
이것만은 알자

프랜차이즈 창업과 독립 창업의 차이

창업을 한다는 것은 새로운 사업의 시작이다. 즉, 모든 것을 새롭게 시작한다는 의미다. 창업에는 여러 가지 방법이 있다. 하지만 여기서 이야기하고자 하는 창업은 소상공인 창업이다.

소상공인이라는 개념은 쉽게 말해 혼자부터 시작해 10명 미만의 종업원을 거느린 창업을 말한다. 길거리 창업인 노점부터 대형 매장의 음식점, 판매점 등 다양하다. 업종으로 창업을 나누기 전에 창업의 형태를 말할 때 적용되는 것이 프랜차이즈창업과 독립창업이다.

독립 창업은 누구나 알고 있듯이 혼자 모든 것을 알아서 창업하는 형태다. 외식업의 경우에는 음식의 맛을 비롯해 재료의 공급, 계절별 또는 신메뉴 개발, 홍보전략 등도 창업자 자신이 구상, 실시해야 한다. 따라서 어느 정도 해당 분야에서 경력을 쌓은 사람이라면 독립창업으로 하는 것이 유리할 수도 있다.

독립창업의 장점은 이같은 경력과 노하우, 차별성을 가지고 있을 경우 큰 성공을 거둘 수 있다는 점이다. 주변에 맛집으로 소문난 곳, 장사 잘 된다는 유명한 곳을 생각해보자.

지금은 100평이 넘는 매장에 20~30대 주차가 가능한 넓은 주차장 등 거대 매장이 불과 5~6년 전만 하더라도 20평 남짓한 작은 매장에서 시작했다는 이야기를 종종 듣는다. 독립창업으로 성공한 매장이다. 이러한 대박집의 비법을 전수받을 수만 있다면, 또는 대박집에 못지 않는 노하우를 가지고 있다면, 독립창업으로 자리 잡기는 비교적 용이하다. 하지만, 그러한 경우가 쉽지는 않은 법.

요리나 창업이 초보인 경우에는 독립 창업은 큰 위험 부담으로 다가온다. 운영에 대한 노하우나 맛에 대한 비법, 재고 처리 능력 등에서 열세일 수밖에 없기 때문이다. 이럴 때 고려해 보는 것이 프랜차이즈 창업이다.

프랜차이즈에 대한 선입견은 좋지 않다. 공중파를 비롯해 많은 매체와 언론에서 프랜차이즈는 사기에 가깝다는 보도가 종종 나온다. 피해를 당한 가맹점주의 안타까운 이야기도 가슴을 적신다. 하지만, 프랜차이즈 창업이 모두 그러한 것은 아니다. 독립창업에 비해 프랜차이즈 창업의 장점은 실패의 위험성이 상대적으로 낮다는 점이다. 미국을 예로 들면 개인창업을 시작해서 1년 이내에 실패할 확률이 38%인 반면 체인점창업의 경우 실패 확률이 약 3% 정도로 보고되고 있다. 국내에도 창업 전문가들은 독립창업의 성공 확률을 10% 정도로 보는 반면 프랜차이즈 성공확률은 3배 높은 30%로 평가하고 있다.

프랜차이즈 창업의 두 번째 특징은 현재 성공적으로 운영중인 가맹점으로부터 높은 인지도를 얻을 수 있다는 것이다. 이미 알려진 상품이나 요리를 취급하기 때문에 매장 오픈 당시에 특별한 광고나 홍보 전략을 펼치기 전에 브랜드를 인지하는 경우가 많다.

실례로 젤라또 아이스크림&커피전문점인 카페 띠아모가 매장을 오픈할 경우 소비자는 이미 띠아모에 대해 인지를 하고 있다. 해당 매장이 홍보를 하기 전에 소비자는 띠아모는 젤라또 아이스크림과 커피를 파는 전문점이라는 인식을 가지고 있다는 이야기다. 이같이 매장 오픈과 동시에 브랜드에 대한 높은 인지도와 신뢰도를 가지고 있다는 점은 프랜차이즈 창업의 장점 중 하나다.

세 번째는 창업과 경영에 필요한 일체의 노하우를 전수받을 수 있다는 점이다. 프랜차이즈는 가맹본사가 상품(메뉴)에 대한 생산, 요리, 유통, 판매 등에 대한 노하우를 가지고 있다. 창업자는 본사에 가맹비나 로열티를 지불하고 이같은 장점을 지원받는 것이다. 이 와중에 창업자의 불만이 종종 나오고 있다.

막상 지원을 받고 보니 별거 없다는 것. 아깝다는 것이다. 세상살이가 뭐든지 그렇다. 모르면 손해다. 아는 만큼 버는 것이다. 두 번째는 본사 유통 제품이 시중에서 구할 수 있는 가격보다 높다는 점이다. 창업자의 잘못된 생각이기도 하다. 물론 일부 프랜차이즈의 경우에는 브랜드를 유지하기 위한다는 명목하에 가맹점에서 판매되는 상품(요리)에 들어가는 모든 물류를 공급하기도 한다. 이 가운데 일부 품목이 시중가보다 비싼 경우도 있다.

또 다른 프랜차이즈 가맹본부의 경우에는 가맹점에 공급할 물품을 일괄 구매해 단가를 낮추기도 한다. 개별 가맹점의 구입 비용보다 낮은 가격에 공급한다는 것. 이를 통해 가맹점 매출을 높이는데 도움을 준다. 가맹본부마다 운영에 대한 차이가 있다.

프랜차이즈는 창업 및 경영에 이르기까지 가맹본부에서 책임지고 지원 및 보조를 해주기 때문에 예비창업자 또는 초보창업자들이 쉽게 창업할 수 있는 가장 큰 특징이다. 그러나 쉽게 창업하고 경영할 수는 있지만 반드시 성공을 보장하지는 않는다. 창업자가 모든 것을 살펴보고 잘 선택하는 것이 중요하다.

■ 독립창업과 프랜차이즈 창업의 비교

	독립창업	프랜차이즈창업	비고
사업형태	경험자에게 유리	초보자에게 유리	
창업비용	절감 가능	가맹비, 로열티 등 부대비용	
마진율	높다	낮다	
상호	독자적인 상호 사용	가맹본사 브랜드 사용	
인테리어	독자적인 콘셉트 가능	가맹본사 통일된 구조	
홍보마케팅	독자적인 마케팅 능력 배양	본사의 마케팅 지원	
경영노하우	공부와 노력으로 개인 역량	본사가 노하우 제공	
경영대처능력	고객 욕구나 시장변화에 대해 빠른 대처 가능	본사의 일관된 대처에 따라 늦어질 수 있음. 트렌드 파악에 따른 신메뉴 등은 이점	
상권분석	창업자 스스로 결정	본사의 상권조사 도움	

소상공인 지원제도를 알면 5천만원이 생긴다!

창업자를 대상으로 가장 고민되는 것이 무엇이냐고 물으면 대부분 자금이라고 말한다. 창업자금이 모자라 저 상권에 들어가지 못하고, 자금이 부족해 저 아이템을 못하는 등 이유는 여러가지이다.

이럴 때 도움이 되는 곳이 소상공인지원센터다. 하지만, 창업자들에게 소상공인지원센터에 대해 아느냐고 물으면 창업경험이 없는 경우에는 모르는 사람이 대부분이다. 창업을 한번이라도 한 사람은 들어는 봤다는 반응이다. 소상공인지원센터에 대해 알아도 창업자금 5천만 원을 마련할 수 있는데도 아직 우리는 이곳에 대해 잘 모른다.

소상공인지원센터는 창업자를 위한 대표적인 창업자금 지원기관이다. 예비창업자와 창업자를 위한 창업자금은 물론 현재 업체를 운영하고 있는 소규모 상공인들을 위한 경영개선자금도 지원하고 있다. 지원대상은 제조업, 광업, 건설업, 운송업의 경우 상시근로자 10인 이하, 도·소매, 숙박음식점, 서비스업 등 기타 업종은 상시근로자 5인 이하이다. 지원자금은 5,000만 원 한도 내에서 연 5.9%의 이율로 제공되며, 1년 거치 4년 분할 상환 조건이다.

5,000만 원 내용은 이렇다. 경영개선자금과 점포운영자금으로 나뉜다. 따라서 점포를 가지고 있고, 사업자등록증을 발급

받은 창업자에 한해 지원된다. 창업 전 지원받아서 창업을 하겠다고 생각했다면 오산이다. 점포운영자금은 3,000만 원, 경영개선자금은 2,000만 원이다. 따라서 5,000만 원 모두를 받으려면 점포 창업을 한지 3개월 미만이 된 창업자여야 한다.

이밖에도 눈여겨 봐야 할 창업지원제도가 상당하다. 장기실업자나 실직 여성 가장이라면 근로복지공단을 두들겨 볼 필요가 있다. 근로복지공단은 6개월 이상 장기실업자나 가족을 부양해야 하는 실직 여성가장이 창업할 경우 점포보증금을 지원해주기 때문이다. 점포보증금 지원금액은 서울과 광역시의 경우에는 1억원이다. 기타 지역은 7,000만 원까지 지원되며, 이율은 약간의 변화가 있겠지만 연 7~7.9% 내외다. 1년 만기 최장 6년까지 연장 가능 조건이다. 단지 주의해야 할 것은 전세권 설정이 가능한 점포가 있어야만 지원을 받을 수 있다.

중소기업진흥공단도 예비 창업자와 사업개시일로부터 3년 미만인 중소 창업기업을 대상으로 창업자금을 지원하고 있다. 대출조건은 연 5.9% 변동금리이며, 담보대출의 경우 업체당 시설자금은 연간 10억원, 운전자금은 5억원 이내다.

장애인이라면 한국장애인고용촉진공단의 도움을 받을 수 있다. 자영업 창업을 희망하는 장애인을 대상으로 점포임대자금은 1억원, 창업자금은 5,000만 원 이내에서 5년 분할상환 조건으로 대출해 주며, 금리는 연 3% 수준이다.

이외에도 사회연대은행의 경우 저소득창업희망자를 대상으

로 연 4%의 금리로 1,000만 원까지 지원해주고 있다.

여성 창업자라면 여성경제인협회와 여성가족부 등의 여성가장 창업 지원 제도를 활용하는 것도 방법이다. 여성경제인협회에서는 가구당 월 소득 99만 원 이하, 재산규모 4500만 원 이하의 저소득 여성가장을 대상으로 점포 임차금 2,000만 원을 연 4%로 지원한다. 융자기간은 2년이며 1회에 한해 연장이 가능하다.

여성가족부도 여성기술인력과 지소득 여성가장의 창입을 지원한다. 국가자격증보유자나 여성인력개발센터 교육 이수자, 문화·정보통신 등의 2년 이상 경력자 등 해당 분야의 기능이나 기술을 가진 여성에게 연리 4%로 최고 7,000만 원까지 대출해 준다. 또한 저소득 여성가장에게는 최고 5,000만 원까지 점포비를 지원한다.

이같은 창업지원제도는 예산이 확보된 상태에서만 지원이 가능하다. 따라서 해당 기관의 홈페이지나 문의를 통해 사전에 확인하는 것이 좋다.

이외에도 아름다운재단도 창업자금을 지원하고 있다. 지원대상은 서울·인천·경기·부산지역에 거주하는 저소득 여성가장 및 미혼모가정, 모자가정 등으로, 무점포형은 1,500만 원, 점포형 창업은 4,000만 원까지 연 1%의 금리로 최대 7년까지 지원한다.

프랜차이즈 본사 선택의 3가지 기준!

　창업의 중요한 요소는 아이템, 상권, 자금 등이다. 이러한 요소가 갖춰진 상황에서 프랜차이즈 창업을 선택할 경우 중요한 것은 어떤 본사를 선택하느냐이다. 본사를 알기 위해서는 여러 가지를 살펴야 한다. 시스템, 가맹점 지원 내용, 경쟁력, 회사의 경력이나 노하우, 물류, 여기에 CEO의 사람 됨됨이까지. 살펴야 할 요소가 한두가지가 아니다. 창업전문가가 아닌 예비창업자 입장에서 이러한 요소를 모두 알기는 쉽지 않다. 이해조차 되지 않는 부분도 많다. 이럴 경우 크게 3가지를 압축해서 살펴보는 요령을 알아야 한다.

　첫 번째가 시스템이다. 프랜차이즈 시스템이란 가맹본부(본사)와 가맹점사업자(가맹점) 상호 간에 프랜차이즈 계약을 맺고, 가맹본부는 상품의 판매권, 경영 기술의 제공, 상호 사용권, 각종 판매촉진 등의 영업활동을 해주고, 가맹점은 그 대가로 일정한 로열티를 가맹본부에 내고 판매에만 전념하는 영업형태를 말한다. 프랜차이즈 사업은 시스템 사업이라 불린다. 단순히 물류나 상품만을 제공하는 것이 아니라 점포 운영에 필요한 모든 경영 노하우를 가맹점에 제공하기 때문이다. 그렇다면 프랜차이즈 본사 시스템이 잘 갖춰져 있는지를 어떻게 알 수 있을까. 가장 쉬운 방법은 매뉴얼을 살펴보는 것이다. 본사 운영, 제조·배송, 가맹점 관리·감독, 가맹점 교육·지원 등이 모두 매뉴얼화되어 있는지, 그리고 잘 실천되어 있는지를 따져야 한다.

최근의 예비창업자들은 많은 것을 공부한다. 따라서 가맹본사를 선택하기 전에 여러 가맹점을 찾아가 매뉴얼화가 되어있는지, 고객 반응은 어떤지 등을 따져본다. 이후에 본사를 방문해 물류공급 여부도 꼼꼼히 살핀다. 좋은 현상이다. 매장이 증가하고 질병이나 천재지변 등이 닥쳤을때 물류가 공급되지 않는다면 큰 피해를 당할 수 있기 때문이다. 물류 공급이 원활하고 자체 생산 시스템도 갖추고 있다면 가격 경쟁력을 확보하고 있다고 생각해도 무방하다.

두 번째는 가맹점의 지원 내용이다. 프랜차이즈 가맹본부는 예비창업자에게 다양한 약속들을 한다. 분기별, 계절별 신제품을 개발하고, 슈퍼바이저 파견으로 매장을 지속적으로 관리해 준다는 등의 내용이다.

과거의 프랜차이즈는 이러한 약속들이 지켜지지 않는 경우가 많았다. 하지만, 현재 이러한 문제는 거의 발생하지 않는다. 프랜차이즈 사업에 대한 인식이 그만큼 정상적인 궤도로 들어선 것이다. 그렇다면 이러한 약속이 어떤 조건에서 어떻게 실천되고 있는지, 가맹점의 만족도는 어느 정도인지를 알아야 한다.

해산물 퓨전주점 버들골이야기 www.bdgstory.co.kr 라는 브랜드가 있다. 개인적으로 상당히 좋아하는 주점이다. 매장의 컨셉이나 나오는 해산물 요리도 독특하다. 여기서 말하고자 하는 것은 버들골이야기의 특색있는 가맹점 지원이다.

버들골이야기는 창업 전에 가맹점주에게 제주도 올레길 투어를 시킨다. 2박3일 또는 3박4일 동안 몇가지의 과제물을 제시한 후 점주가 스스로 올레길 투어를 하면서 답을 찾도록 하고 있다.

버들골이야기는 창업 전에 가맹점주에게 제주도 올레길 투어를 시킨다. 2박3일 또는 3박4일 동안 몇가지의 과제물을 제시한 후 점주가 스스로 올레길 투어를 하면서 답을 찾도록 하고 있다. 목적은 창업 전 점주의 마음가짐을 잡기 위해서란다. 비용도 본사가 부담한다. 점주는 스스로 매장을 오픈하기 전에 월간, 연간 목표를 세운다. 그리고 스스로 실천사항도 정한다. 본사는 매장 오픈 이후 이를 실천하기 위한 적극적인 지원과 자극을 주는 것으로 관리한다. 창업 성공은 본사가 이끄는 것이 아니라 창업자가 스스로 만들어가는 것이며 본사는 성공이라는 목표를 위한 동반자라는 인식이다. 참으로 좋은 경영철학이다.

가맹점 지원 내용을 살펴보면서 가맹점의 영업지역을 보호하는지 여부도 살피는 것이 좋다. 자칫하면 동종 업계와의 경쟁이 아니라 동일 브랜드와의 경쟁이 더 심각한 경우도 있기 때문이다.

세 번째는 정보공개서 체크다. 지난 2008년 8월부터 가맹본부의 정보공개서 제공이 의무화됐다. 또 가맹계약서를 사전에 제공받을 수 있다. 따라서 프랜차이즈 창업을 선택할 경우 가맹본사와의 계약 전 충분한 시간을 갖고 정보공개서나 가맹계약서를 통해 가맹본부들을 비교할 수 있게 됐다.

정보공개서는 공정위의 인터넷 홈페이지 franchise.ftc.go.kr를 통해 누구나 확인할 수 있다. 정보공개서를 통해 무엇을 먼저 살펴야 될까. 모든 기업이 그렇듯이 재무건전성이 먼저일 것이다.

매출액은 물론 영업이익, 당기순이익, 부채비율 등을 따져 재무 건전성이 높은 가맹본부를 골라야 한다.

다음이 가맹점 수다. 최근 2~3년간 가맹점수의 변동 현황을 살펴보면 브랜드의 성장을 알 수 있다. 가맹점 수가 많다면 그만큼 우수한 브랜드라고 생각할 수도 있다. 하지만, 여기서 중요한 것은 감소된 추세와 명의변경 등도 살펴야 한다. 명의변경이 많았다면 간판갈이, 즉 매장 수익이 나오지 않아 주인이 자주 바뀌었다는 이야기가 된다. 이럴 경우 성숙기에 들어선 아이템이라고 할 수도 있고, 사회 트렌드에는 맞을 수 있지만, 브랜드 자체에 문제가 있다고도 생각할 수 있다. 또 신규 개점수가 꾸준하게 높은 경우는 지속적으로 성장하고 있는 브랜드로 볼 수 있으며 반대로 계약종료나 해지가 많을 경우에는 주의해야 한다.

가맹본사가 실제로 영업지역을 독점적·배타적으로 보장하는지, 단순히 영업지역 설정만 하는지도 확인해야 한다. 배달업종의 경우에는 영업지역 보장은 수익성과 직결된다. 더구나 이와 관련해 영업권 분쟁도 종종 일어난다. 영업지역 보장은 생계 뿐만 아니라 분쟁 소지를 방지하는 효과도 있다.

이러한 모든 것들을 살펴봐도 이해가 되지 않고 스스로 판단하기 어렵다면 창업컨설턴트나 가맹거래사 등을 찾는 것이 좋다. 객관적이고 전문적인 지식을 가지고 있어 결정을 하는데 최소한의 도움이 될 수 있다.

정보공개서를 모르면 프랜차이즈 하지 마라!

　일반인들이 프랜차이즈 창업을 선택한 경우에는 앞서 이야기했지만, 크게 3가지 장점이라고 할 수 있다. 첫 번째가 요리 경험이나 특별한 노하우가 없어도 창업이 가능하다는 점이다. 가맹본사로부터 약간의 교육을 받으면 일관된 맛과 모양을 만들어 낼 수 있다.

　두 번째는 브랜드 인지도다. 최근의 사회는 브랜드 사회다. 어느 브랜드인지부터 먼저 묻는 것이 최근의 일이다. 따라서 식당을 가거나 물건을 살 때도 아이템을 말한 뒤 생각하는 것이 브랜드다. 이같은 브랜드 인지도는 창업 당시부터 가져갈 수 있기 때문에 홍보에도 큰 도움이 된다.

　세 번째는 물류 공급을 비롯한 매장 관리다. 인근에 경쟁 점포가 들어서거나 자연재해, 질병 등으로 매출이 하락했을 때 본사 차원의 도움을 받을 수 있다. 위기를 극복하는데 조금 더 수월하다는 것이다.

　이같은 프랜차이즈 창업을 선택할 경우 반드시 살펴봐야 하는 것이 정보공개서다. 정보공개서는 가맹점을 창업하려는 가맹희망자들에게 해당 회사의 중요 정보재무제표, 사업경력, 법위반 사실 등 및 주요계약 내용계약기간, 영업지역의 보호, 위약금, 계약 체결 또는 체약 체결 후 발생하는 비용에 대해 기재한 문서다.

　'가맹사업거래의 공정화에 관한 법률'에 따르면 가맹 본부로 하여금 가맹희망자현행 가맹사업법상 정보공개서의 제공을 서면으로 신청하여야 가맹희망자가 될 수 있음에게 가맹금 수령일 또는 가맹계약 체결일 이전에 정보공개서를 제공하도록 하고 있다. 현행법상 가맹 본부는 가맹희망자에게 정보공개서를 제공한 후 5일 동안 가맹계약을 체결하거나 가맹금을 수령할 수 없다. 개정안에서는 그 기간을 14일로 늘리고 있다. 이는 가맹희망자로 하여금 충분한 시간을 갖고 검토할 수 있도록 기회를 제공하는 것이다.

지금까지는 프랜차이즈 창업을 하면서 가맹 희망자들은 영업사원의 말, 신문광고나 매체 등 겉으로 보이는 허위·과장 광고들에 현혹되어 브랜드를 선택하는 경우가 많았다. 본사가 제시하는 매출 내용 등을 비롯한 사실 유무를 정확하게 판단할 수 있는 근거 자료도 부족했다는 점도 이유 중 하나라고 할 수 있다.

이로 인해 프랜차이즈 창업은 그만큼 피해 사례도 많았고 탈도 많았다. 이같은 피해를 예방하기 위해서 태어난 것이 가맹사업법이고, 거기서 더 발전한 것이 정보공개서제도다.

그렇다면 정보공개서에는 어떤 내용이 담겨 있으며, 가맹희망자들은 이를 어떻게 이용하고 해석하는 것이 좋을까.

정보공개서에는 가맹 본부의 일반 현황 가맹 본부의 재무제표·상표권 등, 가맹 본부의 임원의 법 위반 사실, 가맹점사업자의 부담내용, 영업활동에 대한 조건 및 제한, 가맹 본부의 가맹사업 현황, 가맹점 개설절차 및 소요시간, 교육 및 훈련 프로그램에 대한 설명 등이 기재되어 있다. 따라서 이러한 기재사항들이 정보공개서에 포함되어 있는지 살펴봐야 된다. 이중 하나라도 숨기는 가맹 본부가 있다면 다시 한번 생각해 봐야 한다.

다음으로는 정보공개서의 내용이 실제 이루어지는 계약의 내용과 일치하는지 여부다. 만약 정보공개서의 내용과 가맹계약서의 내용이 같지 않다면 정보공개서의 의미는 유명무실해질 수 있다.

정보공개서와 가맹계약서의 내용이 같지 않은 경우에는 가맹본부를 허위·과장광고로 처벌 받게 할 수 있다. 하지만 이미 계약을 한 상태에서는 정보공개서의 내용이 아닌 가맹계약서에 근거하게 된다. 즉 계약에는 변함이 없다는 이야기다. 따라서 가맹계약을 하기 전에 정보공개서의 사전 점검은 필수다. 가맹점 사업자의 부담을 지나치게 강요하고 있는지 여부도 살펴야 한다. 브랜드(영업표지)의 사용 허가와 가맹점 운영권의 부여 등의 대가로 지불하게 되는 가맹금은 적당한지, 광고분담비, 로열티, 교육훈련비 등을 받는 대가로 가맹 본부가 가맹점 사업자에게 하는 지원 정도와 그 대가로 가맹점 사업자가 내야 하는 금전의 적당 여부 등도 살펴야 한다. 일부 브랜드의 정보공개서를 보면 영업활동에 대한 조건 및 제한이 명시된 경우가 있다. 가맹사업의 통일성 유지를 위한다는 명목이다. 통일성 및 표준화를 위해 가맹 본부가 가맹점 사업자를 통제하는 경우다.

하지만 가맹희망자들은 이러한 통제의 내용을 알지 못하고 계약을 하는 경우가 있다. 자신도 모르게 공정한 계약을 한 셈이다. 프랜차이즈는 교육사업으로도 불린다. 그만큼 교육과 훈련이 필요하다는 것이다. 교육·훈련·지원 프로그램 및 프랜차이즈 시스템이 제대로 정비되어 있는지 여부도 중요하다.

가맹희망자가 독립 창업이 아닌 프랜차이즈 창업을 하는 가장 큰 이유는 해당 아이템에 대한 경험 부족 등을 본사의 프랜차이즈 시스템으로 대처하기 위함이다. 따라서 본사의 시스템을 똑같이 활용할 수 있도록 교육·훈련 프로그램 및 그 시스템이 얼마나 잘 정비되어 있는지를 알아야 한다.

이같은 내용을 종합적으로 검토한 후 장기적인 사업으로 발전시킬 의지가 있는 가맹본부인지도 따지는 것이 좋다. 국내 조사에 따르면 프랜차이즈 브랜드의 평균 수명은 5년 정도다. 다시 말해 5년이 지나면 브랜드가 없어진다는 것이다.

과거에 비해 가맹점 개설만을 목적으로 하는 브랜드는 많이 없어졌다. 하지만, 소비 트렌드가 빠르게 변화하는 현 사회 특성상 변화에 적응하지 못한 브랜드는 도태할 수밖에 없다. 이같은 변화를 이겨낼 수 있는 가맹본부의 장기적인 사업의지가 있고 이를 실천할 수 있는 역량 여부도 살펴야 한다.

가맹계약서는 꼼꼼히 살펴야 손해를 안 본다!

프랜차이즈 창업을 결정했을 때 가장 신경 써야 될 부분 중 하나가 '가맹계약서'다. 가맹계약서는 가맹본부와 가맹점사업자가 지켜야 할 권리와 의무를 구체적으로 기재한 문서다. 쉽게 말해 창업부터 영업, 계약해지, 폐업까지 전반의 내용이 어떻게 진행되는지 가맹계약서에 모두 담겨있다. 가맹계약서를 어떻게 작성하느냐가 계약기간동안 사업을 얼마나 수월하게 해나갈 수 있을지 여부를 좌우한다.

가맹계약서는 보통 A4 용지로 40~50매에 이른다. 양이 많고 문구가 난해하다는 이유로 가맹계약서를 꼼꼼히 살피지 않고 도장을 찍는 일이 있어서는 안된다. 계약은 양 당사자를 구속하는 힘을 갖고 있기 때문에 자신에게 불리한 조항을 그냥 넘기면 추후 상당한 손해를 입을 수도 있다. 특히 계약해지 등에 관한 사항은 재산상의 손해로 이어질 수 있다. 정보공개서와 함께 문제가 발생했을 때 법적 효력을 가질 수 있는 문서이기 때문이다.

가맹계약서는 정해져 있는 것이 아니다. 본사에서 제공하는 계약서를 그대로 따르지 않아도 된다는 얘기다. 필요한 부분은 첨가하고 불필요한 부분은 삭제할 수 있다. 중요한 것은 계약 내용은 모두 서면으로 기재해야 한다는 점이다. 구두로 약속한 부분은 법적 구속력이 없다.

가맹계약서는 반드시 가맹금을 지급하거나 계약을 체결하기 전에 받아야 한다. 특약사항이 담긴 문서도 같이 받아야 한다. 정보공개서를 받을 때 함께 받는 것이 가장 좋다. 가맹계약서를 미리 받아야 하는 이유는 가맹사업법에서도 정해놓았을 뿐만 아니라 미비하다고 생각되거나 불공정하다고 판단되는 사항을 수정할 수 있기 때문이다.

프랜차이즈 본부가 바로 계약 체결을 요구하면 가맹사업법 위반임을 알려주고 사전에 계약서를 받고 충분히 검토한 후 도장을 찍어야 한다.

가맹사업 관련 지식이 부족한 창업자들은 계약서를 어떻게 검토해야하는지 막막할 것이다. 이때 가장 좋은 방법은 가맹계약서와 표준가맹계약서, 정보공개서를 비교하는 방법이다. 공정거래위원회에서 제정한 표준가맹계약서는 프랜차이즈 산업을 대표하는 3개 업종외식업, 도소매업, 교육서비스업으로 나뉘어져 있다. 세가지 문서의 내용이 다른 경우 프랜차이즈 본부에 확인해야 하고 계약서가 부족하다고 생각되면 반드시 본부와 협의해 수정한 후 계약을 체결해야 한다. 스스로 판단하기 어려운 경우 비용이 들더라도 변호사나 가맹거래사의 조언을 얻는 것이 좋다. 일단 계약서에 서명을 한 후에는 쉽게 해지할 수 없으며, 해지를 한다고 하더라도 위약금을 내야하는 경우가 생길 수 있다.

표준가맹계약서와 정보공개서는 공정거래위원회 홈페이지에서 확인·다운로드 할 수 있다.

표준가맹계약서 확인방법 [공정거래위원회 www.ftc.go.kr → 정보마당 → 표준계약서 → 표준가맹계약서]
정보공개서 확인방법 [공정거래위원회 가맹사업거래 홈페이지 franchise.ftc.go.kr → 회원가입 → 정보공개서 → 공개서 열람]

가맹사업법을 살펴보면 가맹계약서에 반드시 기재해야 할 사항 11가지를 명시해 놓았다. 이 11가지 사항은 특히 꼼꼼하게 살펴보고 불공정거래의 소지가 있는지 체크해야 한다. 가맹계약서에 반드시 기재해야 할 사항 11가지는 다음과 같다.

1. 영업표지의 사용권 부여에 관한 사항
2. 가맹점사업자의 영업활동 조건에 관한 사항
3. 가맹점사업자에 대한 교육·훈련, 경영지도에 관한 사항
4. 가맹금 등의 지급에 관한 사항
5. 영업지역의 설정에 관한 사항
6. 계약기간에 관한 사항
7. 영업의 양도에 관한 사항
8. 계약해지의 사유에 관한 사항
9. 가맹희망자 또는 가맹점사업자가 가맹계약을 체결한 날부터 2개월_{가맹점사업자가 2개월 이전에 가맹사업을 개시하는 경우에는 가맹사업개시일}까지의 기간 동안 예치가맹금을 예치기관에 예치하여야 한다는 사항. 다만, 가맹본부가 제15조의2에 따른 가맹점사업자피해보상보험계약 등을 체결한 경우에는 그에 관한 사항으로 한다.
10. 가맹희망자가 정보공개서에 대하여 변호사 또는 제27조에 따른 가맹거래사의 자문을 받은 경우 이에 관한 사항
11. 그 밖에 가맹사업당사자의 권리·의무에 관한 사항으로서 대통령령이 정하는 사항

영업표지는 가맹사업에서 가장 기본이 되는 동일한 상표와 상호의 사용을 말한다. 영업표지는 간판, 상징물, 홍보물, 집기

비품, 문구류 등에 표시할 수 있으며 가맹본부는 영업표지에 대한 배타적 독점권을 확보하고 있다.

상표와 상호는 가맹본부의 표시대로 사용해야 하는 것이 당연하다. 하지만 상권의 특성에 따라 글자의 크기나 글씨체, 기타 표시 등은 조정할 수 있다. 이때 본부의 일률적인 원칙에 예외 조항을 삽입하도록 요구할 수 있다.

가맹점사업자의 영업활동 조건에 관한 사항은 매장운영 전반에 관한 사항을 말한다. 대체로 이 조항에는 가맹본부가 보유한 시스템을 가맹점 사업자가 사용하게 한다는 조건이 명시되어 있다.

가맹점사업자에 대한 교육·훈련, 경영지도에 관한 사항은 가맹본부가 창업자에게 어떤 도움을 줄 것인지 명시하는 항목이다. 대개 가맹점 오픈 이전에 가맹본부가 준비한 교육훈련프로그램이 있는 경우 이에 참가해야 한다는 규정을 명시하고 있다. 가맹계약기간동안 가맹본부가 실시하는 교육프로그램에 대한 일정 및 절차와 비용 부담에 대한 사항이 자세히 기재되어 있는지 살펴봐야 한다.

오픈 전 교육은 대부분의 가맹본부들이 실시하고 있지만 개점 후 경영 관리에 소홀한 가맹본부들이 많기 때문에 창업자는 이 사항에 대해 확실하게 집고 넘어가는 것이 좋다. 로열티를 지불하지 않는 가맹본부가 정기적으로 가맹점 교육을 실시한다고 하면 여기서 발생되는 비용 부담에 대해서 꼼꼼히 따져봐야 한다.

가맹금 등의 지급에 관한 사항은 창업자가 가맹본부에 납부해야 할 가맹비, 가입비 보증금 등에 대한 의무를 말한다. 계약서상에 이 비용들이 어떻게 쓰여지는지에 대해 명시되어 있는지 체크해야 한다. 가맹금은 가맹본부가 가맹점에 영업을 할 수 있게 권한을 부여한다는 명목으로 계약 초기에 받는 비용이다. 실제로 가맹금은 가맹본부마다 성격과 내용이 조금씩 다르다. 가맹금에 개점지원비, 교육비, 정보제공비 등이 모두 포함되는 경우도 있지만 따로 받는 가맹본부도 있다. 따라서 창업자는 가맹금의 내용을 구체적으로 파악해야 한다. 뿐만 아니라 점포의 인테리어 등 창업 전반에 필요한 금액에 대한 명시도 있는지 짚고 넘어가는 것이 좋다. 추후 추가 비용이 계속 발생하면 그 부담은 창업자가 고스란히 떠안게 되기 때문이다. 또한 로열티가 있는지 여부도 파악해, 로열티에 포함된 서비스 내용과 로열티를 지급해야하는 주기와 비용을 정확히 알아야 한다.

영업지역의 설정에 관한 사항은 창업자가 오픈하려고 하는 상권내에 다른 가맹점이나 직영점이 들어올 수 있는지 여부에 대한 사항이다. 정보공개서에 달리 밝히지 않는 한 가맹계약 기간 중 가맹점사업자의 영업지역에는 동일하거나 유사한 업종의 직영점과 가맹점을 설치하면 안된다. 영업지역을 보호해주지 않는 행위는 불공정거래행위에 포함될 수 있기 때문에 창업자는 영업지역에 대한 권리를 주장할 수 있다.

가맹계약서에는 계약기간과 함께 계약기간 갱신에 관한 사항을 명확하게 명시해야 한다. 최초 가맹계약기간 만료 시 가맹본부가 갱신을 거절하거나 계약내용의 변경을 원할 경우에는 만료일 90일 이전에 갱신 거부 및 계약내용 변경에 관한 사항을 서면으로 통지해야 한다. 계약해지의 사유에 관한 사항은 가맹계약서에서 가장 중요한 부분 중 하나다. 가맹본부는 반드시 계약해지 사유를 계약서에 포함시켜 해지 절차 및 위반효과를 상세히 명시해야 한다. 대부분 계약해지로 인한 손해는 창업자가 감수해야 하기 때문에 해지 조건과 손해배상금의 문제는 세세하게 짚고 넘어가야 한다.

이외에 상품판매조건에 대한사항, 판매방법 및 가격 정책에 관한 사항, 원·부재료 가격인상 방법 등도 체크해야 한다.

상품판매조건에 대한 사항은 상품 판매에 있어서 상품의 종류, 결제방법, 하자가 있는 물품의 처리, 반품문제 등을 구체적으로 명시해야 한다. 대부분의 가맹본부는 자신들이 공급하는 물품을 주로 판매하기를 원한다. 하지만 가맹점을 운영하는 창업자 입장에서는 매출 증대와 수익의 다각화를 위해 다른 상품들도 판매하기를 원하는 경우가 많다. 상호 이해관계가 충동할 수 있기 때문에 이에 대한 사항을 사전에 협의해 계약서에 명시하는 것이 좋다.

판매방법 및 가격 정책에 관한 사항은 가맹본부의 재고정책, 취급상품 등과 제품 판매 가격에 대한 사항을 명시한다. 제품판매가격을 무조건적으로 가맹본부에 따르도록 하는 것은 불공정거래행위에 해당되기 때문에 창업자는 협의를 통해 판매가격을 조정할 수 있다. 가맹본부에서 공급하는 원·부재료의 가격이 인상될 경우 가맹본부는 인상금액 결정 이유 및 산출 근거를 미리 통지해야 한다.

자금이 부족해? 그래도 맞춰라!

같은 브랜드의 커피전문점 2개가 있다. 하나는 우리나라 최대의 상권이라는 강남에 크기는 150㎡45평이다. 대로변에 위치해 있어 찾는 고객도 많다. 다른 하나는 주택가와 오피스가가 있는 상권에 위치해 있다. 매장 크기는 100㎡30평이다.

창업비용은 엄청난 차이다. 강남에 있는 매장은 크기도 클 뿐만 아니라 점포비용도 만만치 않다. 창업비용만 7~8억 원이다. 반면 주택가와 오피스가에 있는 매장은 창업비용이 2억5천만 원 선이다. 3배 차이다.

그렇다면 순수익도 3배 이상을 벌어들일까? 답은 No다. 3배의 순수익을 올리지도 못했을뿐더러 1년 영업을 채우지도 못했다. 이유는 뭘까. 매장도 2배 크기여서 평균 월 매출은 4배 이상이 됐는데 도대체 뭐가 문제일까.

답은 무리한 투자에 따른 이자비용 부담과 점포 월세였다. 강남 매장은 3억 원이 대출 자금이다. 이자와 원금을 포함해 은행에 내는 돈이 월 400여만 원이 넘는다. 여기에 점포 월세는 매장 크기와 위치로 인해 월 2,500여만 원 선이다. 재료 원가를 제외하고 종업원 인건비 등을 포함해 고정 비용으로 나가는 돈이 월 5,000여만 원에 가깝다. 겉에서 보기에는 장사가 잘 되는 것처럼 보이지만, 속내는 하루하루 버티기도 어려울 정도다.

반면 주택가와 오피스가에 있는 매장은 안정적인 수익을 이루면서 알짜 매장으로 평가받고 있다. 이곳의 점포 월세는 500만 원이 되지 않는다. 대출도 1억 원 미만. 월 순수익이 600만 원이 넘는다. 입소문을 타는데다 테이크아웃 고객이 증가하면서 매출은 더 오를 기세다.

창업자가 생각하는 평균 창업비용은 얼마일까. 각종 통계를 보거나 예비창업자를 대상으로 조사한 결과를 보면 1억원에서 1억 5,000만 원 사이다. 전체의 60% 정도를 차지한다. 이 비용에는 점포비가 포함되어 있다. 즉 점포 보증금을 비롯해 매장 인테리어, 간판까지 모두 합한 금액이다.

하지만 현실은 그 비용으로 창업이 쉽지 않다. 흔히 말하는 좋은 상권, 여기에 좋은 매장 위치라고 한다면 권리금을 비롯해 보증금까지 생각하면 1억 5,000만 원은 점포를 구하는데만도 부족하다.

유명 상권에 좋은 위치를 잡으면 대박을 이룰 수 있을 것으로 생각한다. 따라서 무리하게 자금을 마련하는 경우가 종종 있다. 하지만, 자칫하면 쪽박을 부를 수 있다. 유명 상권의 대형 매장 간판이 수시로 왜 바뀌는지를 생각해야 한다.

물론 매장이 클수록, 유명 상권일수록, 매출은 올라간다. 월

1억 이상의 매출을 올리는 매장 대부분은 대형 매장이다. 그만큼 공간이 있어야 고객을 받을 수 있다.

당연한 이치다. 여기서 말하는 것은 처음부터 무리한 투자다. 자신의 성공에 대한 노하우나 전략을 갖추지 못한 상태에서 무리한 투자는 쪽박을 부른다.

자신의 능력을 객관적으로 평가해 지금 자금에 맞는 아이템과 상권을 선택해 성공 노하우를 키우는 것이 중요하다. 그렇다고 자금에 맞춘다고 안되는 상권에 들어가는 청개구리가 되어서도 안된다.

시크릿 창업 2

{ **아이템 선택시** 고민하지 마라 }

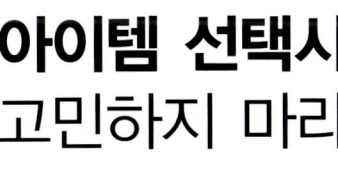

기업이 실패하는 이유는 '잘못된 일을 해서' 또는 '올바른 것을 제대로 실행하지 못해서' 그런 것이 아니다. 비즈니스 환경의 근본적인 변화를 제대로 읽지 못해서 실패하게 된다. 그런 변화는 소비자의 수요 변화일 수 있고, 핵심 역량의 변화일 수 있고 경제 환경의 변화일 수도 있다. 이런 큰 이슈들을 잘 포착하고 시대 조류에 재빨리 대응해야 한다.

-피터 드러커-

소비 트렌드 파악을 먼저 하라

창업을 결심하고 유명하다는 창업컨설턴트를 찾아가면 한 목소리로 말한다. "소비 트렌드를 파악해 아이템을 결정하라" 인터넷이나 각종 매체를 검색해도 비슷한 말 뿐이다. 그렇다면 '소비 트렌드' 이 말이 뭘까.

그 전에 창업자의 이야기를 한번 들어보자. 짬뽕전문점 짬뽕늬우스 www.cpnews.co.kr 충무로점 박운길 사장의 예다. 기자가 취재를 통해 이야기를 들었는데, 마인드가 대단하다는 느낌을 받았다.

박 사장이 충무로에서 장사를 시작한지는 2004년. 올해로 벌써 8년째다. 처음 장사에 뛰어든 아이템은 불닭이다. 당시 유행 아이템이었고, 충무로 상권에 어울린다는 판단에서다.

이분도 장사가 처음이라 독립창업 보다는 프랜차이즈 창업을 선택했다. 초보 창업자에게는 물류나 마케팅이 모두 어렵기 마련이다. 따라서 프랜차이즈를 선택한 것은 올바르다고 평가된다.

"소비자가 무엇을 원하는지, 어느 곳에 소비를 하고자 하는지를 아는 것이 먼저였죠. 왜냐하면 장사는 소비층하고 맞아야만 가능하기 때문이죠"

6년 동안 나름대로 장사는 잘 됐다. 흔히 주위에서 말하는 대박집에 들어갈 정도였다. 하지만 2008년을 기점으로 매출이 떨어지기 시작했다. 영향은 몇 가지가 있다. 주 5일제 정착과 막걸리, 와인 등 도수가 낮은 술을 즐겨찾는 소비자 증가, 불닭 아이템의 하락 등이다.

특히 주 5일제 정착은 장사가 제일 잘되던 금요일 매출을 감소시켰다. 토요일과 일요일인, 주말에도 매출은 오르지 않았다. 젊은이들이 많이 몰리는 대한극장 인근에 있지만, 젊은 여성들의 영향으로 분위기 있고 도수가 낮은 주점으로 고객 소비성향이 바뀐 것이다.

박 사장의 고민은 시작됐다. 장사를 접을 것인지, 아니면 업종을 바꿀 것 인지다. 그 전에 그는 인근 가게들을 둘러보기 시작했다. 그리고 가게 인근에 있는 소비자의 성향을 파악하기 시작했다.

"소비자가 무엇을 원하는지, 어느 곳에 소비를 하고자 하는지를 아는 것이 먼저였죠. 왜냐하면 장사는 소비층하고 맞아야만 가능하기 때문이죠"

가게 인근의 상권 흐름과 소비자의 니즈, 소비 트렌드 등을 모두 검토해서 내린 결론은 식사 위주의 업종전환이었다. 매장이 2층에 있어 맞는 식사 업종이 무엇일까에 대해서도 고민에 들어갔다. 그래서 선택한 것이 짬뽕전문점 짬뽕늬우스다. 물론 아이템을 선택하기 전에 기존 매장들을 둘러보고 인테리어, 맛, 분위기 등을 살피는 것은 기본이었다. 고객층도 충무로 상권에 맞는지도 중요했다. 그가 식사 위주인 짬뽕늬우스로 업종전환에 들어간 비용은 3천만 원 정도다. 하지만 현재 일 매출 140~150만 원을 기록하고 있다. 점심시간대 매출이 전체의 60~70%를 차지한다.

그의 마인드는 일요일에 영업을 하지 않는 것이다. 인근에 대한극장 등이 있어 영업을 해도 괜찮지 않으냐는 기자의 질문에 그는 "오래 동안 매장을 운영하려면 건강해야 하죠. 6년 동안 쉬지 않고 일을 했는데, 지금이 좋아요"란다.

식사 위주로 바뀌면서 생활 패턴도 변했다. 과거 불닭은 주점 성격이 강했다. 저녁에 문을 열어 새벽까지 장사를 하는 것이 다반사였다. 하지만, 식사 위주는 오전부터 영업을 시작해 저녁

9~10시면 영업이 끝난다. 정상적인 생활로 돌아온 것이다.

그의 또 다른 마인드는 일요일에 영업을 하지 않는 것이다. 인근에 대한극장 등이 있어 영업을 해도 괜찮지 않느냐는 기자의 질문에 그는 "오래 동안 매장을 운영하려면 건강해야 하죠. 6년 동안 쉬지 않고 일을 했는데, 지금이 좋아요"란다.

위의 박 사장의 경우는 업종전환이나 폐업 전에 소비자의 성향을 충분히 파악해 성공한 경우다. 소비 트렌드를 파악하라는 말은 멀리 있는 이야기가 아니다. 창업시장의 명언 중 하나가 '성공 아이템을 선택하는 가장 기본적인 방법은 트렌드 분석'이라는 말이 있다. 이 말을 되새겨 보면 소비자가 어떤 곳에서, 어떤 것을 구매할 것인가, 또는 먹을 것인가를 정확히 파악해야 한다는 의미다.

창업은 소비자가 매장에 들어오고 지갑을 열도록 만드는 것이다. 그래야만 수익이 생기고 창업의 원래 목적을 달성한다. 그런데 소비자가 오지 않는 아이템으로 매장을 오픈했다면, 누구나 자선사업가가 아니라면 망하는 것은 당연지사다.

창업을 하기 전의 당신은 소비자다. 가족이나 친구, 연인과 함께 식사를 하거나 물건을 구매할 때 당신은 어디를 가는가. 3년 전에 즐겨가던 곳과 현재 즐겨가던 곳, 또 5년 전에 가던 곳, 모두가 같지 않다. 일부 전통을 자랑하고 변함없는 서비스와 제품을 보유한 곳인 경우을 제외하고는 변할 수밖에 없다.

최근에는 유행의 주기가 짧아졌다. 또한 끊임없이 새로운 아이템들이 쏟아져 나오는 시대다. 그만큼 소비자의 소비 패턴도 급격히 변화되고 있다. 그렇다면 최근의 소비 트렌드 키워드는 뭘까. 웰빙과 여성, 어린이라는 것이 대부분의 창업 컨설턴트의 말이다. 웰빙은 이제 생활의 키워드가 됐다. 먹을거리부터 옷, 가구, 전자제품 등 모든 분야에서 웰빙을 표방해야만 판매가 되는 상황이라는 이야기다.

여성이라는 키워드는 20대 젊은층부터 50~60대 노년층까지 경제권이 강화되면서 나온 말이다. 또 실제 지갑을 여는 사람은 남성이지만, 무엇을 먹을 것이며 어디를 갈 것인지의 결정권이 여성에게 집중되고 있다. 이 같은 현상이 여성이라는 키워드가 나온 배경이다.

어린이는 주로 학원이나 스포츠, 의류 등과 연관이 높다. 자녀의 수가 1~2명으로 줄어들면서 자녀의 성장과 미래를 위해 투자를 아끼지 않는 경향을 보이고 있다.

이러한 소비 트렌드는 누구나 알고 있는 기본이다. 어떤 아이템으로 창업할지를 정했다면 여기에 내 매장이 위치하는 곳의 상권과 주 타깃 소비층이 누구인지에 대한 분명한 파악이 필요하다. 이러한 소비 트렌드를 파악해야 인테리어와 서비스, 종업원 교육 등이 제대로 이뤄질 수 있다.

한두 개 매장이 대박이 났다고 그 옆이나 앞에 똑같은 아이템으로 창업하는 것은 어리석은 짓이다. 이런 우를 범하지 않기 위해서라도 소비 트렌드 파악은 반드시 필요하다.

유행 아이템이 유망하지 않는 이유

유행 아이템, 유망 아이템, 창업을 결심할 때 자주 듣는 말이다. 다양한 언론에서도 매년 초만 되면 올해의 유망 아이템을 거론한다. 여기에 빠지지 않는 것이 최근의 유행하는 아이템이다. 유행 아이템 중 일부는 폭발적인 인기를 얻으면서 등장 초반에 대박을 예감하게 만들기도 한다. 하지만 여기에 여러 가지 함정이 있다. 우리는 과거 여러 유행 아이템의 사례에서 유행 아이템이 절대 유망하지 않다는 것을 배웠다. 대표적인 것이 막걸리 전문점이다. 우리나라 창업 시장의 가장 큰 폐단 중 하나인 따라하기식 창업 현실을 다시 한번 보여준 사례다.

막걸리전문점은 2005년에 급격히 대두됐다. 당시 청송얼음막걸리를 필두로 청송과 얼음이라는 두 글자만 들어가면 성공하는 것처럼 여겨질 정도였다. 순식간에 프랜차이즈 본사 수만도 10여개를 넘어서면서 치열한 경쟁을 펼쳤다.

그러나 당시 막걸리전문점의 경우 서너 가지의 메뉴의 차별성과 막걸리를 취급한다는 것, 여기에 노란색 주전자에 양푼 대접 빼고는 차별적 요소가 없다는 것이 문제점으로 대두되면서 하향세를 겪었다. 여름에 등장해 겨울을 보내고 해를 넘기면서 수백 개의 가맹점이 문을 닫았다. 매장을 오픈한지 1년을 버티지 못한 경우가 대부분이었다. 유행 아이템이 유망하지 않다는 것을 보여줬다.

최근의 이러한 아이템은 또 있다. 바로 육회전문점이다. 육회전문점은 소비자 입장에서는 저렴한 가격에 고가의 육회를 즐길 수 있다는 점이 매력이었다. 창업자는 매장 크기가 작아도 창업이 가능한 소자본 창업이라는 점과 객단가_{손님 한명이 매장에 지불하는 금액}도 1만 원 이상으로 낮지 않다는 점이 창업을 부추겼다. 순식간에 20~30개 가맹본사가 생겨나고 가맹점 오픈도 줄을 이었다.

하지만 결과는 참담했다. 지금은 육회전문점을 찾아보기가 힘들 정도가 됐다. 유행 아이템이라고 거론됐지만, 1년을 조금 넘긴 것이 전부다. 지금은 육회에서 벗어나 참치회 등을 결합하면서 탈출구를 모색 중이다.

이런 유행 아이템의 특징은 소비계층이 한정되어 있다는 점이다. 막걸리 열풍의 중심에는 20대 젊은층이 주도했다. 그 중에서도 여성의 반응이 폭발적이었다. 유행한 배경이 바로 20대 젊은 여성이라는 점이다. 그들이 등을 돌리면서 막걸리는 추락하게 됐다. 최근에 다시 분 막걸리 열풍의 배경도 여성이다. 다시 찾은 그녀들로 인해 인기를 얻었지만, 또 다시 고개를 숙일 수밖에 없었다.

육회도 마찬가지다. 20대부터 40대까지 직장인들 사이에 인기를 끌었다. 1차 식사 개념이 아닌 2차와 3차 소비에서 인기였다. 육회는 고가의 메뉴다. 쉽게 접하기 힘든 요리를 저렴하게 공급하면서 직장인들의 발길을 잡은 것이다. 하지만, 익히지 않은 것을 먹지 못하는 소비자를 고려하지 못한 메뉴 구성과 여성을 배려하지 못한 인테리어와 요리 등으로 직장인의 발길이 뜸해지면서 육회도 고개를 숙였다.

또한 기존의 오뎅바나 이자가야 전문점들의 막걸리 시장 진출도 막걸리전문점의 성공에 걸림돌이 되고 있다. 다시 말해 기존의 오뎅바 전문점이나 이자가야 전문점들이 약간의 메뉴 추가와 막걸리를 취급 할 경우 언제라도 막걸리 전문점 시장에 진출이 가능하다는 이야기다.

반면 유망 아이템이라고 불리는 것들을 보면 의외로 장수 브랜드가 많다. 감자탕, 커피, 밥집 등이다. 유망 아이템의 특징은 소비층이 남녀노소 모든 연령대라는 점이다. 또한 계절별, 시기별을 따지지 않을 만큼 소비가 수시로 이뤄진다.

대표적인 유망 아이템인 감자탕을 보면 유아·어린이부터 7080, 노년층까지가 고객이다. 계절도 따지지 않는다. 치킨도 대표적인 유망 아이템이다. 최근에는 후라이드를 비롯해 바비큐, 오븐구이까지 다양한 요리 방법이 나와 소비자들을 유혹한다. 치킨은 이가 나기 시작하는 3세부터 노년층까지 모두가 즐겨찾는 대표적인 육류 아이템이다. 그렇다면 한우고기전문점도 유망 아이템인가라는 질문을 할 수 있다. 왜냐하면 한우고기전문점도 소비층이 어린이부터 노년까지 다양하고 계절별 시기별 소비를 따지지 않기 때문이다. 하지만, 결론적으로 말하면 유망 아이템이지만, 아무나 창업하기 힘든 아이템 중 하나다.

최근 2~3년 전부터 조용히 인기몰이를 하면서 유망 아이템으로 거론중인 브랜드가 있다. 명태요리전문점 바람부리명태찜 www.zzimtang.co.kr인데, 동태나 황태에 밀려 있던 명태를 이용한 새로운 먹거리를 만들어 냈다. 특징은 매콤하면서도 저렴하다는 점이다. 웰빙 재료라는 특징을 내세우면서 주부를 비롯한 여성들의 인기가 높다. 여기에 시원한 국물 맛으로 남성들의 술 해장용으로 제격이라는 평가까지 받으면서 조용한 인기몰이다. 가격은 5천원에서 6천원선으로 부담이 없다.

바람부리명태찜은 1인분 5천원이라는 파격적인 가격과 매콤한 맛, 푸짐한 양, 명태와 콩나물 등의 웰빙 재료 사용으로 지갑이 가벼워진 소비자를 공략하면서 인기를 얻고 있다

유망 아이템이란 바로 이러한 것을 말한다. 즉 소비층이 다양하며, 언제든 소비가 가능한데다 부담없이 찾을 수 있어야 한다는 점이다. 따라서 상권 자체도 부담이 없다. 유명 상권부터 주택가 상권까지 소비층이 다양하기 때문에 어디든 입점이 가능하다. 특정 계층의 폭발적인 소비로 등장한 유행 아이템이 유망 아이템일 수 없는 이유다.

[유망 업종 판별 요령]

1. 지금의 인기보다 앞으로의 성장가능성을 먼저 봐야 한다.
2. 투자대비수익성이 얼마인지, 마진율은 어느 정도인지 파악해야 한다. 고생만 하고 수익이 작아서는 안된다.
3. 경기 영향을 어느 정도 받는지를 알아야 한다. 가급적 적게 받는 것이 좋다.
4. 타깃 고객층이 한정적인지, 아니면 포괄적인지를 살펴야 한다. 고객층이 넓을수록 들어갈 수 있는 입지가 다양하며, 그만큼 창업비용도 줄일 수 있다.

아이템 장단점, 이렇게 파악해라

창업을 결심할 때 고민하는 대표적인 것 중 하나가 아이템이다. 커피가 대세라 커피전문점으로 할까, 아니면 대중적인 치킨호프전문점, 밥집은 어떨까. 고민이다. 이걸 하자니 자금이 걸리고, 다른 것을 하자니 각종 질병이나 관리가 두렵고 딱히 '이거다' 라는 아이템이 떠오르지 않는다. 아이템에 대한 정확한 특징을 모르기 때문이다. 무슨 말일까. 의미는 아이템의 장단점을 파악하고 나와의 궁합을 따져봐야 한다는 것이다. 여기서 나와의 궁합은 성격을 비롯해 자금, 노하우 등 나와 관련된 모든 것이다.

서울 방배역 인근 먹자골목에서 펀비어킹 www.funbeerking.com 을 운영하고 있는 정은희 사장은 독립창업에서 프랜차이즈로 방향을 바꾼 후 만족하고 있다.

독립창업시 메뉴개발 등으로 어려움을 겪었던 정은희 사장. 프랜차이즈로 바뀐 후 편해진 음식 조리와 본사의 메뉴 개발로 만족도가 높다.

그녀는 독립창업시에 치킨 아이템으로 매장을 운영했었다. 시장에서 치킨을 개별 구매해 장사하는 독립창업이었다. 치킨이라는 아이템의 장점은 소비층이 다양하다는 점이다. 하지만 단점도 있다. 바로 소비층이 다양한 만큼 경쟁 업종간의 경쟁이 치열하다는 점이다. 한 상권에 많게는 수십개가 넘는 치킨전문점이 경쟁한다.

정 사장은 당시 상황에 대해 "다양한 치킨 메뉴를 갖추기 위해 남몰래 메뉴 개발에 많은 노력을 기울였다. 정말 힘든 시기였다"고 회상한다.

펀비어킹은 도심 속의 캐리비안 Beer Cafe 형태다. 커피전문점 같은 인테리어와 캐리비언해적 이미지의 유니폼 등을 갖추고 즐거움을 제공한다는 컨셉이다. 그녀가 매력을 느낀 것도 이 컨셉 때문이다.

또 다른 이유는 메뉴다. 펀비어킹은 '투테이스트치킨'을 접목하고 있다. 모든 치킨 메뉴가 반반 선택이 가능하다는 것이다. 오븐구이와 후라이드를 포함한 12가지 치킨 메뉴들이 자체 제작된 반반 치킨 용기에 제공된다. 2가지 맛을 동시에 맛볼 수 있다는 점에서 고객의 반응이 좋다.

그녀는 창업하면서 펀비어킹 본사로부터 많은 것을 이끌어 내기도 했다. 부족한 창업자금을 무이자로 대출도 받았고, 지금의 점포도 매장 크기에 비해 저렴하게 구할 수 있었다. 매주 월요일마다 열리는 생맥주 50% 할인 이벤트도 본사의 특별 지원이다.

정은희 사장은 펀비어킹이라는 아이템의 장점을 정확히 짚어냈고 자신과의 접목을 통해 성공적으로 매장을 운영하고 있다. 바로 비어카페라는 것과 자신이 힘들어 했던 메뉴, 마케팅 지원이라는 장점을 보고 선택한 것이다.

창업을 생각하고 있는 이들의 가장 큰 고민은 '과연 성공할 수 있을까'이다. 또한 창업을 취재하면서 창업전문가라는 말을 조금씩 듣는데, 많은 이들이 나에게 던지는 화두 중 하나가 "지금 무엇을 하면 잘될까"이다.

정말 무엇을 하면 대박을 터트릴수 있을까. 100% 성공이라면 누구나 창업에 나설 것이다. 하지만, 현실은 그렇지 못하다. 창업을 망설이는 이유 중 가장 큰 부분은 바로 아이템의 장점을 받아들이지 못하기 때문이다. 창업자들은 각 아이템의 장점을 알고 있다. 수요가 많다, 지금이 대세다, 안정적이다, 마진이 많이 남는다 등. 그러면서도 매장이 너무 많다, 자금이 비싸다, 수요가 바뀌면 어떻게 하나 등등 걱정부터 앞세운다. 창업하기가 요원하다.

주위에 있던 친구 한명은 어느 날 떡집이 대세라며 떡집 창업을 물어왔다. 그리고 한창 주가를 올리고 있는 모 브랜드를 거론했다. 그는 떡집은 웰빙이며 앞으로 인기를 끌 것이고, 아직 매장이 많지 않기 때문에 선점하면 큰 성공을 거둘 수 있다는 점을 예로 들었다. 맞는 말이다. 아이템의 장점을 알고 있다. 하지만, 문제는 창업비용이나 매장을 어디다 열 것인지, 또 그 브랜드 특징은 무엇인지 등을 알지 못한다는 점이다. 친구가 예상한 창업비용과 실제 창업비용에는 1억 원 이상의 차이가 있다. 또 가맹본사가 쉽게 매장을 오픈해주지도 않는 스타일이다.

여기서 필자가 말하고자 하는 것은 아이템의 장점이나 단점은 쉽게 알 수 있다. 조금만 자료를 찾아봐도 왜 좋으며, 어려운지 알 수 있다. 이같은 장점이나 단점을 보고 창업할 것이 아니라 자신의 경험, 자금, 노력 등을 모두 고려해 최적의 장점을 만들어 낼 수 있는 것이 어떤 아이템인지 파악하는 것이 선행되어야 한다.

[아이템업종 선택의 10가지 성공 요소]

1. 사회, 경제적 흐름 등 소비자의 요구와 일치해야 한다.
2. 취미, 특기, 노하우 등 적성에 맞아야 한다.
3. 도입기나 성장기인지를 살펴야 한다.
4. 투자비용이 아이템과 비례해 적당해야 한다.
5. 만약을 대비해 폐점이나 업종 전환이 쉬워야 한다.
6. 경험이나 지식을 활용할 수 있어야 한다.
7. 자금 조달 범위 안에서 선정해야 한다.

8. 가족의 동의나 협업이 가능해야 한다.
9. 아이템의 회전주기를 파악해야 한다.
10. 표적 고객의 소비 지향점을 수치로 파악해야 한다.

상권별 소비자 흐름을 알아야 하는 이유

서울 잠실나루역 주변은 아파트 단지다. 역에서 나오면 상가 건물을 제외하고 높은 아파트 단지가 주변을 빼꼼하게 채운다. 그 상가건물 4층에 와바 www.wabar.co.kr 가 있다. 와바는 세계맥주전문점이다. 오피스나 유명 상권에서 눈에 잘 띄는 브랜드다. 아파트 단지 상가건물에 있다는 것이 생뚱맞다.

허섭 사장이 그곳에서 와바 매장을 오픈한 것은 2009년 11월. 당시 상가건물 4층에 와바를 오픈한다는 것에 대해 주위의 만류는 대단했다. 1층도 아니고 4층인데, 누가 찾아오겠냐는 것이다. 더구나 주류를 판매하기 때문에 주택가에 어울리지 않는다는 목소리였다.

창업전문가에게 질문을 한다 해도 쉽게 말하지 못하는 부분이다. 일단 상권이라는 자체가 소비가 이루어져야 하고, 고객층이 어느 정도 형성되어 있어야 하기 때문이다. 아파트 단지 상가건물에 그것도 4층에, 대형 매장으로 창업하겠다는데 결과는 성공이었다. 이유는 그 상가 건물 주변의 소비자 흐름을 허섭 사장이 알고 있었기 때문이다.

잠실나루역 인근에는 1만2천 세대 아파트 단지가 있다. 역에서 나오자마자 마주치는 상가 건물은 집으로 들어가는 이동경로에 위치한다. 허 사장은 이곳이 익숙하다. 오래 동안 살았

인근에 비슷한 주류전문점이 없는데다 소비자 이동경로에 위치해 있어 4층이라는 악조건에도 성공을 점친 와바 잠실나루역점 허섭 사장.
메뉴개발 및 이벤트도 성공에 힘을 보탰다.

던 지역이기 때문이다. 인근에 비슷한 주류전문점이 없는데다 소비자 이동 경로에 위치해 있다는 점에서 성공을 점쳤다.

물론 단순히 이러한 점이 성공을 불러온 것은 아니다. 가족 고객을 잡기 위한 메뉴 개발 및 이벤트 등도 그의 성공 전략 중 하나다.

우리가 흔히 말하는 상권에는 각자의 특성이 있다. 또 이러한 상권은 소비의 흐름이 수시로 변한다. 지하철 개통이나 아파트 등 주거단지 완공, 백화점이나 할인점 같은 대형 상업시설의 신축, 도로 및 횡단보도 신설 등과 같은 다양한 요인으로 인해 변화하기 때문에 능동적으로 대처해 나가야 한다.

홍대나 강남, 대학가 등 젊은층이 몰리는 상권과 여의도 등 오피스가 상권, 또 주택가 상권의 소비 경향은 분명 다르다. 따라서 창업하고자 하는 아이템이나 매장의 크기도 상권따라 영향을 받을 수밖에 없다.

이러한 소비 경향을 알아야 성공할 수 있다. 이를 위해서는 입점하고자 하는 상권에 어떤 업종들이 분포되어 있는지를 세심히 살펴야 한다. 또 가격대는 어느 정도이며, 시간대별 고객 성향은 어떤지도 파악해야 한다.

한때 전요리 전문점이 유행했던 때가 있다. 경쟁적으로 매장이 오픈하면서 불과 30m도 되지 않는 거리에서 3~4개 매장이 들어섰다. 주위에 전요리 전문점이 1~2개 밖에 없어 장사가 될 것이라는 생각에서 들어섰지만, 결과는 모두 실패였다. 6개월을 버티지 못했다. 이는 소비 성향을 파악하지 않고 단순히 경쟁 업종이 없으니 들어가면 되겠지 라는 생각에서 기인한다.

주류를 취급하는 경우 최근에는 판매되는 주류에 제한이 없다. 사케 전문점에서도 생맥주가 나오고 치킨전문점에서도 막걸리를 먹을 수 있다. 고기전문점도 부위별 전문점부터 고기뷔페까지 다양해졌다. 다시 말해 꼭 그 아이템을 가지 않아도 대체할 수 있는 아이템이 많다는 점이다. 단순하게 그 업종이 없으니 되겠지 라는 생각은 역으로 그 업종은 안되니까 없다는 것으로도 생각할 수 있다.

창업시장에서 업종전환에 대한 중요성이 커지고 있다. 되지 않는 아이템으로 매장을 운영하지 말고 아이템을 바꾸라는 소리다. 업종 전환시에 중요한 것 역시 소비자 흐름이다. 처음 오픈할 당시에는 장사가 잘 됐는데, 2~3년 지나면서 장사가 안된다는 이야기를 종종 듣는다.

답은 3가지로 생각해 볼 수 있다. 하나는 창업자의 마음이 변해 맛이나 서비스에 문제가 생겨 소비자가 멀어진 경우다. 두 번째는 강력한 경쟁 매장 등장이다. 맛과 품질, 가격 면에서 상대하기 힘든 매장이 인근에 들어서면 타격을 받을 수밖에 없다. 마지막은 소비자의 소비 흐름 변화다.

소비자의 소비 흐름은 사소한 것에서 변한다. 대중교통 등 공과금이 인상되면 일단 외식비에 대한 지출이 감소한다. 따라서 가족 외식이 줄어든다. 고가의 메뉴를 즐기던 고객의 방문이 갑자기 줄어든다. 또 인근 상권에 대형 건물이 들어서면서 고객의 이동 경로가 바뀌는 경우도 있다.

창업 성공은 모든 요소가 맞아 떨어져야만 이뤄지는 것은 아니다. 고객들로 매장이 북적거린다면, 맛이 있건 없건, 서비스가 좋건 나쁘건, 그 매장은 대박이라고 할 수 있다. 바로 상권의 소비 흐름에 맞는 아이템을 얼마큼 잘 선정해 자리잡았느냐가 중요한 이유다.

시크릿 창업 3

점포 입지가
매장의 성공을 좌우한다

창업 1년 후 내다 보는 방법, 선점점포

　점포창업에 있어 점포가 차지하는 비중은 상당하다. 아이템이 아무리 좋아도 점포의 위치가 좋지 못하다면 성공하기 어렵다. 좋은 점포에 들어가야 하는 것은 당연지사다. 그러나 좋은 점포는 또 그만큼 비용이 들어간다. 점포는 좋은데, 비싸서 들어가지 못하는 경우가 허다하다.
　그동안 많은 창업자들을 취재하고 만나면서 뜻하지 않은 이야기를 종종 듣게 된다. 점포 관련된 이야기다.

　바비큐전문점 옛골토성 www.tobaq.co.kr 남한산성점은 지금은 예약 고객들의 명단으로 가득할 정도로 인기다. 대부분 가족이나 직장, 친우들의 모임이다. 적게는 4~5명에서, 많게는 20~30명까지, 고객층도 다양하다.

옛골토성 남한산성점 정진숙 사장은 가든형 아이템이라 차량이동이 많은점을 활용, 당시 입지가 좋지는 않았지만 매장 크기가 넓은 점포를 구입, 1년 후를 내다보는전략을 썼다. 홍보에 집중한 결과 평균 일 매출 500만원이 넘는 대박집이 됐다.

매장이 오픈된 것은 2007년 3월. 4년이 훌쩍 넘었다. 비수기에는 일 매출이 3백만 원 정도지만, 평균 일 매출은 5백만 원을 넘나들 정도로 대박집이다.

하지만, 처음부터 대박은 아니었다. 오픈할 당시 주위의 반대가 심했다. 이유는 위치 때문이다. 매장의 위치가 복정역에서 남한산성으로 이어진 도로변에 있다. 주위에 주택도 없다. 일명 허허벌판에 위치해 있는 셈이다.

남한산성점의 사장은 성신숙 씨다. 그녀는 "머무는 상권이 아니라 흐르는 도로여서 고객이 찾아오기 힘들다는 것이 주변의 만류 이유였어요"라고 말했다. 옛골토성은 가든형 바비큐전문점이다. 따라서 매장 크기가 대형이다. 사무실이나 주택가 인근에서 매장을 오픈하려면 비용이 만만치 않다.

그녀는 고가의 메뉴를 맛보기 위해 오는 고객이라면 충분히 차량을 이용하는데 불편해하지 않을 것으로 믿었다. 그리고 인근에 경쟁 업종이 없다는 점과 매장 크기와 주차장 등을 포함해 상대적으로 저렴한 점포비용 등도 고려했다.

무엇보다 그녀가 자신한 것은 1년 후의 매장 모습이었다. 지금 당장은 교통도 좋지 못하고 인근에 소비층이 없지만, 꾸준한 홍보와 친절한 서비스, 맛있는 요리를 제공한다면 늦어도 1년 후에는 고객이 알아줄 것으로 믿었다.

여기서 중요한 것은 홍보였다. 매장을 오픈하고 매일 복정역으로 출근하며 홍보를 하기 시작했다. 하루도 빠지지 않고 500장 이상의 전단지를 직접 나눠주며 매장을 알렸다. 몇 달이

지나면서 전단지의 효과는 나오기 시작했다. 1~2명의 고객이 문의를 하고, 매장을 방문하기 시작했다.

  두 번째 전략은 방문한 고객을 단골로 만들어 입소문을 내게 만드는 것이다. 한명의 고객이 만족해 두 명, 세 명을 데려오고 그 고객들이 또 다른 사람들과 방문하면서 어느새 매장은 고객들로 가득차게 되었다.

  또 하나의 사례다. 바로 완산골명가 www.wansangol.com 가산점 김삼중 사장이다.

상권은 수시로 변한다. 인근에 빌딩이 신축되거나 새로운 도로가 개통되면 상권은 변한다. 완산골명가 가산점 김삼중 사장은 신축중인 빌딩들을 살펴보고 고객의 이동을 사전에 파악, 비어있던 점포를 선점해 큰 효과를 보고 있다.

그는 가산디지털단지 인근에서 부대찌개 장사를 했었다. 그러던 중 수익률 문제로 업종전환을 생각하면서 매장을 찾기 시작했다. 그가 새로운 매장을 찾으면서 심혈을 기울인 부분은 그 상권의 1년 후 모습이었다. 지금의 매장 위치는 1년 전에는 중심상권이 아니었다. 지금도 메인 상권은 아니다. 하지만, 그가 선택한 이유는 완공 예정인 몇 개의 건물 때문이다. 그 건물에 사무실이 입점하면 점심식사나 퇴근길 이동 경로로 이어질 만한 위치를 찾은 것이다.

당시 그가 찾은 매장은 330㎡ 구 100평 크기로 9개월 가까이 비어있던 곳이다. 점포 크기가 커 임대료 부담 등으로 쉽게 나가지 못하고 있었다. 그 역시도 점포 모두를 사용하는 것은 부담이 됐다. 방법은 점포를 나누어 임대하는 것이었다. 점포주를 만나 설득에 들어갔다.

당시 그는 점포주인에게 "그 크기로는 나가기 힘들지만, 점포를 나누면 금방 임대가 될 것이다. 그리고 임대료도 모두 받을 수 있어 절대 손해가 되지 않는다"는 것에 중점을 두고 설득했다.

그의 매장 규모는 55평이다. 그가 입점하면서 나머지 점포도 바로 임대가 됐다. 건물이 완공되고 사무실 입주가 끝나면서 그의 매장은 먹자골목 초입에 위치한 셈이 되버렸다. 당연히 고객들이 즐겨찾는 매장이 됐다.

선점점포를 하기 위해서는 몇가지 선행조건이 있다. 첫 번째가 자금의 여유가 있어야 한다. 처음부터 대박을 기대하면서 운영자금이 부족하다면 오래 버티기가 힘들다. 두 번째는 앞장에서 설명했듯이 상권의 소비자 흐름을 읽을 줄 알아야 한다. 현재 진행되고 있는 공사나 건물의 위치, 들어설 건물의 중요도 등을 고려해 점포를 선점하고 소비자들의 소비 패턴이 어떻게 이뤄질 것인가를 고민해 아이템을 정해야 한다.

마지막은 1년 후를 내다본다고 해도 당장 고객 몰이에 나서야 된다는 점이다. 새로운 고객이 생기더라도 기존 고객의 입소문을 무시할 수는 없다. 따라서 매장을 오픈한 이후에는 현재 고객을 최대한 끌어모으기 위한 마케팅과 서비스에 중점을 둬야 한다. 이러한 노력으로 기존 매출을 유지하고 1년 후 새로운 수요가 급증한다면 분명 창업 성공은 멀리 있지 않을 것이다.

좋은 입지란

업종이나 자금 여력에 따라 달라질 수 있지만 일반적으로 판매상품의 소비 대상 인구가 많은 곳, 주변 상권이 활성화되어 고객을 흡수할 수 있는 업종들이 고루 분포된 곳, 판매상품의 객단가(1명이 팔아주는 평균 가격)가 주위 소비자들의 소득수준과 일치하는 곳, 일반 판매업종의 경우 역, 극장, 정류장 등 사람들이 많이 몰리는 곳 등이 좋다.

좋은 점포를 찾는 3가지 방법

일반인들이 창업에 나서면서 어려움을 겪는 것 중 하나가 점포다. 해당 상권을 잘 알지 못하는 경우에는 어떤 점포를 구해야 할지 난감하기만 하다. 따라서 창업전문가들은 발로 뛰는 수밖에 없다고 조언한다. 그만큼 뛰어다녀야 상권에 맞는 좋은 점포를 구할 수 있다는 것이다. 고객의 입장에서 주변을 관찰하고 실제로 점포에 드나드는 고객이 어느 정도인지를 확인해야 한다.

두 번째는 유동인구를 체크하면서 동선을 함께 살펴야 한다. 과거에는 통행량이 많을수록 매출이 높을 것이라는 기대감이 컸지만, 통행량과 매출은 상관관계가 낮다. 그렇다고 통행량을 무시할 수는 없다. 점포 주변의 유동인구 흐름 중 여성이 차지하는 비율이 높을수록 좋다고 할 수 있다. 이러한 유동인구를 관찰하면서 동선이 어떻게 이뤄지는지도 살펴야 한다.

사람들의 이동 흐름이 아침이냐, 저녁이냐에 따라 매출이 달라진다. 지하철역이나 버스 승강장 등의 경우에는 항상 새로운 고객들이 몰리고 그만큼 방문도 다양해질 수 있다. 주택가의 경우는 조금 다르다. 지하철역과 동떨어진 주택가의 경우에는 버스 승강장 위치에 따라 업종에 차이가 있다. 출근길에 몰리는 승강장 보다는 퇴근길 승강장이 이점이 많다.

이같은 고객의 동선에서 가게가 조금만 어긋나 있어도 고객의 방문은 떨어지고 매출은 급감한다. 특히 고객의 동선이 목적의식을 가지고 급한 발걸음이라면 주위의 가게에 신경을 쓰지 않을 것이다. 산책하듯 천천히 동선을 이어가야 한다. 이는 매출에 중요한 영향을 줄 수 있다.

또 하나 최단 거리로 이용이 가능한 지역이지만, 가로등 미설치 등의 이유로 우회하는 지역이 있다. 이럴 경우 이외로 좋은 점포를 싸게 구입할 수 있다. 새로운 점포가 생기므로 인해 상권이 형성되는 경우에 해당한다. 직접 발로 뛰고 현장을 보지 않는 한 찾기 쉽지 않은 점포다.

세 번째는 가시성이다. 맛있다고 유명한 가게 중 가시성이 현저히 떨어지는 점포들이 종종 있다. 골목골목을 돌아 한참을 찾아 헤매어야 한다. 점포의 위치를 아무리 설명해도 쉽게 찾지 못한다. 이런 경우 정말 큰맘 먹지 않는 한 발길이 쉽게 가지 않는다.

좋은 점포란 쉽게 찾을 수 있어야 한다. 매출에 직접적으로 영향을 준다. 특별히 어떤 가게로 갈 것인지를 정하지 않은 고객이 길을 지나가다 가게의 외관을 보고 결정하는 시간은 0.3초라고 말한다. 즉 보고 바로 결정을 한다는 점이다.

고품격 미니레스토랑을 표방하는 국수나무 www.namuya.co.kr 장암점 이제훈 사장은 망하고 나간 점포에 들어가 대박을 만들어 냈다. 그의 성공에 크게 일조한 부분이 점포의 가시성 확보이다.

2개의 골목이 맞물리는 점포였지만 외부 아웃테리어 등의 미숙으로 죽어있던 점포를 발견한 국수나무 이제훈 사장.
그는 매장 출입이 좀 더 자유롭도록 출입문을 바꾸고 매장 안이 잘 보이도록 통유리로 교체하면서 대박 점포로 변모시켰다.

그가 오픈한 매장은 과거 3개의 가게가 연이어 망해서 나간 자리다. 따라서 권리금도 없이 저렴하게 구입이 가능했다. 그가 그 점포를 선택한 이유는 주도로에서 약간은 벗어난 곳이지만, 갈라지는 골목길에 있어 사람들의 이동 흐름의 동선에 있다는 점이다.

문제는 연이어 망한 점포라는 점. 여러 가지 고민 끝에 외관을 바꿨다. 3면을 통유리로 설치해 가시성을 높이고 출입구를 변경해 사람들이 드나들기 편리하도록 했다. 매장의 내부를 보여줌으로써 어떠한 상품을 판매하고 컨셉이 어떤지를 쉽게 알 수 있도록 했다. 이러한 점은 바로 아이들과 주부들로부터 좋은 반응을 이끌어 냈다. 지금의 그는 다른 지역에 2호점 점포를 오픈할 준비를 하고 있다.

여기서 또 하나 점검할 것이 간판이다. 가게의 얼굴이라고도 할 수 있다. 최근의 간판은 매장의 컨셉을 담는다. 간판만 보아도 어떤 상품을 판매하는지 알 수 있다. 멀리서도 시선을 잡아끄는 간판은 고객의 호기심을 자극해 매출에 영향을 준다.

프랜차이즈 선택시 점포

프랜차이즈 창업을 할 경우에는 내가 점포를 구하지 않고 가맹본사에 요청하면 본사가 구해준다. 이 경우에도 장단점이 있다. 가맹본사의 점포개발팀의 경우에는 일반인보다 전문가인 경우도 있다. 그들의 도움을 받는다면 좋은 점포를 저렴하게 구할 수도 있다. 반면에 점포 영업을 외부에 위탁하는 가맹본사도 있다. 이 경우에는 좋은 점포를 구하는 대신에 점포비용이 높을 수 있기 때문에 꼼꼼히 따져봐야 한다. 이것도 저것도 아니라면 자신이 후보지를 몇 군데 알아보고 가맹본사에 도움을 요청해 함께 확인하는 방법이 있다.

좋은 점포
- 가시성이 좋고 선택한 아이템과 투자비용에 맞는다.
- 점포를 중심으로 유동인구가 많으며, 소득수준이 높다.
- 주위에 소비를 할 수 있는 상권이 형성되어 있다.
- 사업장과의 거리가 40~50분 이내인 곳
- 금융기관, 대형유통시설 등 상권의 중심에 위치해 있다.

나쁜 점포
- 주인이 자주 바뀌거나 임대료나 권리금이 유난히 싼 점포
- 동종 업종의 대형 경쟁업체가 있거나 맞은 편이 한가한 곳
- 오르막길이나 언덕 위의 점포 구매행동은 언덕 아래서 이뤄진다
- 건물주가 유사업종에 종사할 경우는 권리금도 못 받고 점포를 내주어야 하는 경우도 있으므로 계약시 꼭 건물 주인의 확답을 받아야 한다.

입지별 점포 선정 요령 노하우

좋은 점포에 대한 개념을 이해하고 이제는 입지별 특징을 이해한 후 그에 어울리는 점포 선정 요령이다.

입지별로는 크게 아파트 단지와 주택가, 대로변, 대학가 상권을 중심으로 살펴봤다. 먼저 아파트 단지 상가는 집단 상가 성격으로 기본적인 상권이 형성되어 있다고 할 수 있다. 배후에 아파트 단지를 끼고 있는데다 각 업종의 점포가 다양하게 들어서 있어 업종 상호간의 보완성이나 공동 판촉 등에 의한 관리 및 마케팅도 용이하다.

수익을 올릴 수 있는 업종으로는 세탁편의점, 부동산, 미용실, 문방구, 과일점 등이 적당하다. 500세대가 넘어가는 대형 단지의 경우에는 피자집, 분식집, 학원 등도 괜찮다. 하지만, 여기서 중요한 것은 세대 크기다. 대형 크기의 세대가 많은 아파트 단지일수록 거주 연령층은 장년층이 많다. 장년층이 많다는 것은 부모에 이어 아이들의 연령대도 20대 이상인 경우가 많다는 것이다. 이럴 경우 이들의 소비 패턴은 유치원이나 초등학교 아이를 둔 부모의 소비와는 다르다.

따라서 아파트 단지의 특성을 파악하고 아이템을 결정하는 것이 좋다. 아파트 단지 상가를 제외하고 타 상가까지 거리가 멀다면 생활 밀착형 아이템의 경우에는 독점을 할 수 있는 좋은 조건이다.

대규모 아파트 단지의 경우에는 상가가 여러 군데 나눠서

지어진 경우가 있다. 이럴 경우 가장 중요한 것이 아파트 입주민의 이동 경로다. 중개업소나 입주민 등으로부터 정보를 얻어낼 뿐만 아니라 며칠, 시간대별로 나눠 입주민이 자주 이용하는 길목이 어딘지, 어떤 상가에 손님이 많은지, 어떤 물품을 주로 구매하는지 등을 꼼꼼히 살펴야 한다. 주민의 이동 동선에 따라 장사가 잘 되는 곳이 있고 그보다 못한 곳도 있다.

마지막으로는 아파트 단지 상가이지만, 아파트 단지만 보지 말고 인근 상권의 흐름을 파악해야 한다. 단지 상가의 경우에는 아파트 내에 위치한 것보다 입구 또는 대로변에 위치해 있는 경우가 많다. 인근의 대형 건물이 신축되거나 지역 개발계획에 의해 일부가 변화를 보인다면 방문 고객에 변화가 생길 수 있다.

아파트 단지 상가이지만, 전체적으로 아파트와 인근 주변 상권의 흐름을 보고 아이템과 이에 맞는 점포를 결정하는 것이 좋다.

대로변은 크게 역세권과 버스정류장 등 교통수단을 중심으로 급진전된 상권이다. 가장 관심이 높은 상권이면서도 그만큼 성패가 큰 곳이기도 하다. 일단 대로변 상권은 창업비용이 상당히 높다. 권리금을 비롯해 임대료 등에 대한 부담이 만만치 않다. 따라서 소자본으로 창업하고자 하는 이들에게는 부담이 높다.

그래도 대로변 상권에 들어가고자 한다면 몇가지 살펴야 될 점이 있다. 가장 중요한 것은 점포의 입지 조건인데 통행량의 특성을 파악해 업종을 선택해야 한다.

통행량 특성 파악이란 시간대별, 성별로 유동인구의 흐름이다. 단순한 이동 경로와 수를 파악하는 것이 아니라 이 유동인구가 어떻게 흘러가는지도 살펴야 한다. 앞에서 목적의식을 가지고 빠르게 흘러가는 지역은 점포로서 좋지 못하다고 말한바 있다. 마찬가지다. 대로변 고객의 50% 정도는 흘러가는 고객이다. 목적의식, 즉 가야할 길이 바쁜 고객은 옆을 돌아보지 않는다. 점포로 유입될 가능성이 낮다. 그 다음이 인근의 점포 현황이다. 점포 크기, 아이템과 상호 보완이 가능한 업종이 많을수록 매출에 도움이 된다. 테이크아웃 커피전문점인 경우에는 인근에 음식점이 많을수록 좋다. 점심고객이 그만큼 있다는 의미이며, 이들이 식사 후에 자연스럽게 테이크아웃으로 매출에 도움이 된다. 이러한 상호보완적 업종을 토스 아이템이라고도 한다. 즉 한 업종에서 고객을 다른 업종으로 자연스럽게 토스해준다는 의미다.

반면 경쟁 업종이 많다면 일단 점포 크기가 커야 한다. 그럴 만한 여력이 없다면 대로변 상권은 포기하는 것이 낫다. 대로변 상권의 특성은 50% 이상이 흘러가는 고객이라는 점이다. 이들은 방문하는 점포를 결정할 때 목적의식 보다는 그때그때 결정하는 경향이 강하다. 따라서 매장이 크고, 고객이 많이 있는 모습을 보고 방문을 결정하는 경우가 많다. 경쟁업종보다 매장 크기나 인테리어, 서비스 등에 자신이 없지만, 그래도 굳이 대로변 상권을 고집한다면 마지막 남은 전략은 가격이다. 매장 크기를 가능한 한 작게 가져가면서 경쟁 점포보다 저렴한 가격에 제공하는 것이다. 이를 통해 점포 앞에 고객이 붐비게 만들어 유명 점포와 같은 홍보를 하는 방법이다.

대로변 상권만큼 인기가 있는 곳이 대학가 상권이다. 서울을 비롯해 지방을 포함해 대학가 앞은 일명 유명상권이다.

과거의 대학가 상권은 자체 대학생과 인근 주민이 주요 고객층을 형성하는 상권이다. 방학 기간중에는 치명적인 타격을 받기도 했다. 그러던 것이 대학가 앞이 잇따라 개발되고 교통이 편리해지면서 거대 상권으로 변모했다. 물론 취업난이 심해지면서 대학 재학생을 비롯해 졸업생의 도서관 이용이 많아지고, 젊은층을 위한 문화가 자리를 잡으면서 젊은층의 유입도 큰 몫을 했다. 대학가 상권의 대표적인 업종으로는 주류전문점을 비롯해 분식점, 패스트푸드점, 커피전문점, 당구장, PC방, 편의점 등 다양하다.

점포를 구할 경우에는 대학만을 보지 말고 상권 내 유입인구의 연령층 및 숫자, 배후 주택단지의 가구수, 인근 중고등학교의 학생 수, 인근 상권에서의 인지도 등을 조사해야 한다. 복합 상권이 되어야 성공 가능성이 높다.

주택가 상권은 소자본 창업 입지로 가장 높은 관심을 보이는 입지다. 대략 66㎡(구 20평) 크기로 창업해도 창업비용이 1억원 내외다. 가장 높은 업종은 치킨 등 수요층이 높은 아이템이다.

주택가에서 점포를 얻는 방법으로는 소비자의 생활수준과 주부 등의 이동 경로, 출근길의 맞은편 도로 등을 파악하는 것이 좋다. 주택가 상권의 경우 소비를 결정하는 주체는 주부다. 근린생활 업종의 경우에는 주부들이 매일 들리는 시장이나 은행에 갈 때 반드시 거쳐야 하는 길목에 있는 점포가 좋다. 또 출근길의 맞은편 도로나 버스정류장에 점포가 위치해 있어야 퇴근길 또는 학생들의 등·하교길에 매출을 기대해 볼 수 있다.

주택가 상권 중에는 각종 학원이나 대형 음식점 등 다양한 업종이 모여 있는 장소가 있다. 점포 입지로서는 좋은 곳이다. 유동 인구가 그만큼 많고, 학생들부터 중장년층까지가 모두 고객이 되기 때문이다.

비어있는 점포 활용법 5가지 요소

창업시장에서 여러 업종에 종사하고 있는 창업자를 취재하다 보면 점포와 관련해 다양한 이야기를 들을 수 있다. 바로 좋은 점포에 들어가 대박을 낸 사람이 있는가 하면, 유명 상권에 좋은 점포에 들어가서 망한 경우도 있다. 이와 반대로 좋지 않은 입지에 망한 점포에 들어가 안정적인 매출을 올리는 사람도 있다. 망한 점포란 쉽게 말해 비어있는 점포다. 이같이 비어있는 점포는 크게 2가지로 나눌 수 있는데, 첫 번째가 점포 크기가 커서 임대료 등에 부담을 느껴 비어있는 경우다. 비어있는 점포의 경우 분양 당시 거대 크기의 매장이 들어서거나 작은 분할로 매장의 크기가 작아진 경우가 있다. 이럴 경우 기존 매장이 나가도 새로운 업체가 들어오기에는 점포비용이나 매장의 크기가 맞지 않는 경우가 있다. 이럴 경우 일정 크기로 분할하거나 통합하는 형태로 오픈을 하는 것이 좋다.

두 번째는 장사가 안 돼 누구나 들어오길 꺼리는 곳이다. 상권이 좋으면 장사가 잘 되어 매물이 나와도 거래가 쉽게 이루어진다. 따라서 점포가 빈 상태로 있을 이유가 없다. 역세권을 보면 쉽게 이해할 수 있다. 반대로 주택가 상권을 보면 문을 닫는 곳이 눈에 띈다. 상권이 안 좋다는 반증이다. 비어있는 점포는 창업자 입장에서는 잘만 활용하면 큰 도움이 된다. 엉뚱하게도 저렴한 창업비용으로 좋은 점포를 구할 수 있다는 것이다.

지방에서 스파게티전문점을 운영하고 있는 창업자가 있다. 그는 현재 매장이 대박집으로 불릴 정도로 고객이 몰린다. 그의 성공은 아무도 예측하지 못했다. 왜냐하면 그가 구한 점포에 대해 모두가 안될 것이라는 부정적 의견이 많았기 때문이다.

그가 구한 점포는 비어있는 점포였다. 단순히 비어있는 정도가 아니라 주위의 신축 건물에 비해 너무나 낡아 아무도 들어가려 하지 않는 점포였다. 주위 신축 건물이 7층 이상으로 깨끗한 것에 비해 이 점포가 있는 상가는 2층 건물로 낡았다. 더구나 이 건물 좌우로 신축건물이 자리하고 있어 더욱 초라해 보이는 점포였다. 물론 권리금도 없었다. 월 임대료도 인근 상가에 비해 상대적으로 저렴했다.

그는 남는 비용을 인테리어와 아웃테리어에 쏟아 부었다. 지나다니는 고객의 시선이 10m 이내에서는 3층 이상을 보기 힘들다는 여건을 살려 점포 외관을 신축건물 이상으로 아웃테리어했다. 물론 비용은 최소화하면서 시각적인 부분에 신경을 최대한 기울였다.

내부 인테리어도 깔끔하게 바꿨다. 스파게티전문점 특성상 여성 고객이 많다. 그는 내부 인테리어를 여성에 맞추는 것뿐만 아니라 여성들이 가장 민감하게 반응하는 화장실에 특히 신경을 썼다.

외부에 있던 화장실을 점포 내에 위치하고, 화장실에 여성을 위한 편의시설을 다양하게 갖췄다. 시설의 깨끗함은 말할 것도 없었다. 이같은 점포 전략은 한번 방문한 고객을 통해 입소문이 나면서 그의 점포는 대박이 났다. 방문하는 고객 중 누구도 그 점포가 낡은 건물이라고 생각하지 못할 정도였다.

수원 정자동에 매장을 오픈한 바람부리명태찜www.zzimtang.co.kr 정상수 사장도 비어 있는 점포에 들어온 사례다.

그도 처음에는 점포를 대로변 입지로 생각했다. 최소한 먹자골목이 형성된 곳에 들어가야 장사가 잘 될 것이라는 생각에서다. 그런데 바람부리명태찜 가맹점들을 다니면서 생각이 바뀌게 됐다고.

"기존 매장들은 대부분 주택가에 들어가 있었죠. 그러면서도 장사가 잘 되는 모습을 보면서 굳이 비싼 대로변 상권을 고집하지 않아도 되겠구나하고 생각했죠"

지금의 정자점 매장도 2달여 이상 발품을 팔아 찾아냈다.

20여대 이상 주차할 수 있는 주차공간과 넓은 매장이 선호하는 가든 형태에 어울렸다. 점포 임대료도 생각 외로 많이 들지 않았다. 대로변 뒤에 위치해 있고 매장이 죽어있는 상태였기 때문이다. 현재 그의 매장은 주부들의 호응을 받으면서 안정적인 운영을 하고 있다.

비어 있는 점포를 활용하는 가장 기본적인 요소는 먼저 발품과 아이템과의 조화다. 앞서 이야기했지만, 비어 있는 점포는 점포가 큰 경우를 제외하고는 장사가 안되거나 상권이 형성되어 있지 않기 때문이다.

단지 눈으로 확인하는 정도만 가지고는 장사의 성공 여부를 장담할 수 없다. 수없는 발품과 아이템과의 어울림을 파악해야만 성공으로 이끌어줄 비어 있는 점포를 찾을 수 있다.

다음으로는 인테리어와 아웃테리어다. 여기서 인테리어는 점포에서 판매되는 업종의 특성을 말하기도 하지만, 사실은 눈에 보이지 않는 요소가 더 많다. 쉽게 말해 점포 아이템이 가족고객이 주 대상이며, 초등학교 이하 자녀를 둔 가족이 많을 경우에는 놀이방 시설이 중요하다. 테이블을 하나 더 놓는 것보다 아이들이 좋아하고, 부모가 아이에 조금이라도 신경을 덜 쓰고 즐길 수 있도록 만드는 것이 단골고객을 만드는 지름길이다. 화장실도 같은 이유다. 눈에 보이는 인테리어보다 보이지 않지만, 반드시 필요한 부분을 채워야 한다.

아웃테리어 하면 가장 먼저 떠오르는 것은 간판이다. 다음이 벽이나 입구 등에 Y간판을 놓거나 특정 컨셉을 설치하는 것 등이다. 하지만 지금 말하는 아웃테리어는 다른 개념이다. 점포 자체를 바꾸라는 것이다. 아웃테리어가 중요한 이유는 인근 고객들이 이미 망한 점포, 비어 있던 점포라는 인식을 가지고 있다는 점이다. 이러한 인식을 한 번에 지워버릴 만한 아웃테리어가 필요하다.

[점포 결정시 확인할 사항]

- 접근이 쉬워야 한다.

 소비자들은 특이한 경우가 아니면 반경 500m 이내에서 물건을 사는 경우가 많다. 물론 고가의 전문품은 전문상가를 찾아가지만 일상생활에 필요한 편의품은 집이나 사무실 가까운 곳을 찾기 마련이다. 그러므로 취급 상품의 종류 및 주 고객이 누구냐에 따라 점포의 위치가 달라진다. 편의품은 소비자의 발길이 닿기 쉬운 곳에 입점하는 것이 유리하다.

- 상품이 다양해야 한다.

 소비자들은 상품 구입시 취급 상품이 많아 선택의 폭이 다양한 곳을 찾는다. 백화점이나 쇼핑센터를 자주 찾는 이유다. 가장 눈에 잘 띄는 것에 맞춰 디스플레이를 하고 물건 진열을 자주 바꿔주는 등 변화를 주는 것이 소비자들의 시선을 끌기에 유리하다.

- 가격이 저렴해야 한다.

 소비자들은 제품의 가격이 싸고 질 좋은 것을 찾는다. 다소 거리가 멀거나 선택할 상품의 종류가 제한된다 하더라도 값이 싸면 자주 찾게 된다.
- 주변 상점은 물론 주위의 상권 관계까지 살펴야 한다.
  같이 번성하는 상권일수록 좋고 서로 도움을 줄 수 있는 업종들이 많은 곳에 입점하는 것이 낫다. 되도록이면 해당업종이 비수기일 때 개업하는 것이 권리금을 낮출 수 있고 개점 후 어느 정도 시간이 흐른 뒤 성수기를 맞는 게 손님을 유치하는데 유리하다.
- 처음부터 클 필요는 없다. 매장을 키우는 시뮬레이션

유명 상권에 매장 크기 330㎡ 구 100평, 넓은 주차장, 장사를 꿈꾸는 창업자라면 한번은 했으면 하는 조건이다. 하지만 현실은 33㎡ 구 10평 창업하기도 벅차다.

앞서 1장에서 창업시 반드시 갖추어야 할 덕목으로 자금에 맞추라는 말을 했다. 그렇다. 무리한 투자는 실패를 부르기 쉽다. 힘들더라도 자금에 맞춰 창업해야 한다.

연 매출 10억. 메뉴는 명태요리. 매장은 270㎡ 구 80평 크기. 밀려드는 고객으로 줄을 서야 먹을 수 있는 집. 바람부리명태찜 www.zzimtang.co.kr 안산본점 이야기다. 안산을 비롯해 경상도, 전라도 등 지방까지 입소문이 퍼지면서 전국에서 맛보기 위한 손님들이 줄을 잇는다.

2천만원 일수돈으로 시작한 작은매장. 8년이 지난 현재 연매출 10억의 대박 매장이 됐다. 비밀은 차별화된 요리와 맛이다. 입소문으로 전국에서 손님들이 찾아오면서 프랜차이즈로도 발전했다.
작은 사진은 김정호 사장 내외

    처음부터 그랬을까. 아니다. 불과 8년 전만 하더라도 자금이 없어 2천만원으로 창업했다. 매장 크기가 작은 것은 어쩔 수 없었다. 안산본점의 김정호 사장은 외식업의 기본은 맛이라는 생각에 무조건 메뉴 개발에 파고들었다. 명태찜, 명태탕 등을 만들면서 하나씩 완성품을 만들어 갔다.
    그의 노력으로 맛이 알려지면서 손님들 사이에서 입소문이

퍼지기 시작했다. 밀려드는 손님들로 매출도 올라갔다. 모든 빚을 청산하고 매장이 있던 건물까지 매입했다. 연 매출 10억인 대박을 만들어 낸 것이다.

이 경우는 어쩔 수 없이 작은 매장으로 시작해 성공한 경우다. 하지만, 불과 7~8년 만에 매장을 키웠다. 비록 극소수 창업자의 이야기지만 김정호 사장의 성공 노하우다.

얼마 전 창업 모임에서 나온 이야기를 해보려고 한다. 바로 점포를 키운 사례다. 젤라또와커피전문점인 카페띠아모www.ti-amo.co.kr 매장 중 하나다. 지금은 160㎡구 50평 크기지만, 처음 오픈할 때만도 90㎡구 26평가 조금 되지 않았다. 그것도 2층이었다. 점포가 위치한 상권과 입지는 맘에 들었지만, 자금이 부족해서다.

당시 그가 위치한 상권에는 커피전문점이 4~5개 점포가 있었다. 점포 크기도 컸다. 경쟁이 쉽지 않았지만, 그만큼 수요가 있었다. 다행이 그는 띠아모의 젤라또 아이스크림 매출이 높아지면서 장사가 잘 된 경우다. 20개월 정도 지나면서 그의 매장 옆에 있던 작은 매장이 비게 됐다. 미용실이었던 매장이 매출이 떨어지면서 점포가 비게 된 것이다. 그는 그 소식을 듣자마자 바로 임대했다. 그리고 매장을 키웠다. 또 몇 개월 후에 그의 매장과 ㄱ자에 위치해 있던 매장도 우연히 매출이 떨어져 비게 되면서 매장을 키울 수 있었다.

지금의 그의 매장은 ㄱ자 형태다. 오히려 이러한 매장 크기는 지금도 매출에 도움이 되고 있다. 왜냐하면 처음에는 한 방향으로만 매장 아웃테리어 홍보를 할 수밖에 없었는데 반해 지금은 두 방향에서 매장이 보여 고객 유입이 더 수월해진 상태다.

서울 이태원. 맛 집과 멋 집이 몰려 있는 곳이다. 그곳에서 10년 넘게 사랑을 받고 있는 퓨전주점이 있다. 바로 해물포장마차 '버들골이야기' www.bdgstory.co.kr다. 매장 크기는 주방을 포함해도 60㎡ 구 약 20평가 되지 않는다.

저녁 7시면 빈 좌석이 없다. 10여개 테이블이 고객들로 가득하다. 대박집이다. 미식가들의 입맛을 녹인지 오래된 점포다. 모든 안주에 신선한 해물이 푸짐하게 들어간다. 이 집 대표 메뉴인 해물떡볶이를 맛보기 위해 지방에서도 손님이 찾아올 정도다.

이 점포에 고객이 몰리면서 울고 웃는 인근 점포가 다양하다. 특히 동종 업종의 경우 점포가 비는 경우가 발생한다. 현재 버들골이야기 이태원점은 옆이나 2층의 점포를 확대할 계획을 가지고 있다.

점포를 키우는 첫 번째 요소는 내가 장사가 잘 되어야 한다. 장사가 잘 되지 않는다면 점포를 키우기도 전에 망하는게 먼저다. 따라서 잘 되는 점포에 들어가야 하며 장사가 잘 되도록 노력해야 한다.

그럼 장사를 잘하기 위한 가장 좋은 전략은 뭘까. 바로 마케팅이다. 마케팅이란 '매장의 매출 증대와 매장의 좋은 이미지를 주변 지역에 구축하는 모든 활동'을 말한다.

많은 창업자들은 마케팅을 어렵게 생각한다. 조그만 점포에서 무슨 마케팅을 하느냐고 생각한다. 기자가 만난 수많은 창업자들도 마찬가지다. 일부 창업자는 "내가 따로 할 게 뭐가 있냐"라고 말한다. 그들은 맛도 괜찮고 정량대로 주고 일명 FM으로 하는데 뭘 더 할 게 있느냐다.

예를 들면, 전단지 한 장을 봐도 레이아웃이나 문구, 배포방법이나 지역의 선택 등이 합리적이지 못한 경우가 많다. 그 결과 매출은 오르지 않고 프로모션판매촉진을 위해 노력했다는 자기 만족에 그칠 뿐이다.

참으로 답답한 경우다. 불행하게도 오늘날 더 이상 그 방법은 통하지 않는다. 최근의 소비자는 기본적인 욕구 외에 더 많은 것을 원한다.

마케팅은 지역의 특성이나 소비자의 동향을 조사, 분석하고 소비자의 욕구에 정확히 대응하기 위한 합리적인 실무와 노하우를 포함하고 있다. 무턱대고 전단지를 돌리고 이제 할 것 다 했다는 자기 만족으로는 소비자의 욕구를 잡을 수 없다.

소비자가 점포를 방문하는 목적은 당연히 음식이나 상품을 구입하기 위함에 첫 번째 의미가 있다. 거기에 대한 비용을 소비자가 지출한다. 그렇지만, 소비자가 지출하는 비용에는 상품이나 음식의 가격 뿐만 아니라 점포에서 제공할 수 있는 모든 서비스가 포함되어 있다. 이러한 부분에 대한 만족도가 단골 고객으로 만드느냐 마느냐를 결정한다.

다시 본론으로 돌아와 자금 범위에서 벗어난 무리한 점포는 실패를 부른다. 자금에 맞춰 점포를 구한 후 천천히 키우는 인내가 필요하다.

시크릿 창업

{ **매장 오픈 전**
이건 알고 하자 }

사업은 돈 만드는 기계다. 시스템을 만들자

창업을 하면서 시스템을 이야기하면 무슨 소리인가 하고 의아해하는 경우가 있다. 일반적인 창업은 장사다. 장사라고 하면 규모가 작으며, 혼자 또는 2~3명, 많아야 10명이 넘지 않는 인원이 전부다. 이러한 장사에 무슨 시스템인가.

장사와 사업은 다르다는 선입견 때문이다. 사업이라고 하면 사무실이 있고 우리가 흔히 생각하는 CEO다. 따라서 분식집이나 길거리 창업을 사업이라고 부르지 않는다. 하지만, 장사나 사업이나 이익을 창출하기 위한 목적이라는 점에서는 공통점이다.

장사와 사업이 차이점은 뭘까. 사전적 정의에 따르면 사업은 어떤 일을 일정한 목적과 계획을 가지고 짜임새 있게 지속적으로 관리하고 운영하는 일이다. 그렇다면 장사는? 이익을 얻으려고 물건을 사서 파는 일이다. 우리는 장사이자 사업이다.

일일 갈비탕 1,000 그릇과 한우구이 200인분 이상 판매. 10년 이상 한결같은 맛. 평일 강북권 식당에서 줄을 서서 기다려야 하는 곳. 서울 창동역 인근에 있는 한우암소구이 전문점 '하누소' www.hanuso.com 창동점을 지칭하는 말이다. 93년 함경면옥

장사도 사업이다. 돈 만드는 시스템이 필요하다. 1차적인 요소는 고객의 편리함이다. 대박집일수록 테이블 회전은 빠르고 군더더기가 없다. 일일 2천그릇 갈비탕 판매라는 기록을 세우면서 고객의 만족도를 끌어올리고 있는 하누소의 경우는 외식창업자들이 눈여겨 봐야 할 성공요소다.

으로 시작해 98년 지금의 하누소 매장으로 탈바꿈했다.

이곳의 대표 메뉴는 시원한 국물과 푸짐한 양으로 유명한 갈비탕이다. 일체의 화학조미료를 사용하지 않고 고기가 가진 고유의 맛으로 국물을 낸다. 하누소는 대박이 터지면서 시스템을 갖추게 됐다. 하누소 장세은 회장은 "일일 1,000 그릇, 2,000 그릇이 넘어가면서 만들어 놓는 것에도 한계에 도달했다. 그래서 생각한 것이 식품공장이었다"고 말한다.

2004년 경기도 양주에 식품센터 하누소푸드시스템을 설립했다. 여기서는 갈비탕과 찜, 냉면의 소스 등을 만들어 원팩으로 진공 포장해 매장에 배달한다. 1인분 정량 기준으로 포장되어 있어 매장에서는 끓이기만 하면 된다.

또 하나의 예를 보자. 서울 종로에 오픈했던 국수전문점이었다. 몇 년 전으로 기억한다. 당시 매장 크기는 주방 포함해서 50㎡ 구 15평 정도가 조금 되지 않았다. 처음 오픈할 때 취재를 부탁해 현장에 있었다.

당시 그 브랜드는 프랜차이즈였다. 창업자가 처음이기 때문에 본사에서도 직원들이 나와 도움을 주기로 했다. 점심시간이 되자 고객들 방문이 시작됐다. 불과 20여분이 지나면서 매장은 난장판이 됐다. 주문은 쏟아지고 직원들간 업무 분담이 이뤄지지 못하면서 음식이 나오는 시간도 늦어지고 고객들 불만은 쌓여갔다. 결국 기다리기 싫어하는 고객들이 발길을 돌리면서 제대로 테이블 회전도 이루지 못하고 기대했던 매출도 달성하지 못했다. 첫 인상도 좋지 못한 것은 당연지사였다.

창업의 첫 번째 목적은 이익 추구다. 수익이 발생되지 못하는 경우라면 창업할 이유가 없다. 그렇다면 이익을 내기 위해서는 어떻게 할까. 먼저 고객이 나를 찾아야 한다. 점포형이든 무점포 창업이든 고객으로부터 외면을 받으면 수익이 발생하지 못하고 망한다.

고객이 나를 찾도록 만드는 방법은 뭘까. 우리는 앞에서 여러 가지를 이야기했지만, 여기서는 기다림을 말하고자 한다.

위의 경우처럼 어느 음식점에 들어갔는데, 종업원의 첫 인사부터 주문, 서비스, 메뉴 전달 등까지가 원만하게 이루어지지 못하다면, 다음에도 꼭 이집에 와야지라는 결심을 하기가 쉽지 않다.

즉 장사를 하면서 고객이 매장에 들어오는 첫 순간부터 종업원, 주방, 계산 등 모든 면에서 시스템을 만들어 물 흐르듯 자연스럽게 접객이 이뤄져야 한다. 매장에서 수용할 수 있는 최대의 고객 수를 설정하고 이들이 들어오는 순간부터 나갈 때까지의 시간과 특성, 만족도 등을 점검해 준비해야 한다.

대박집과 그렇지 않은 집을 알기 위해서는 붐비는 시간대에 방문해 보면 쉽게 알 수 있다. 주차장에 들어서거나 입구에 들어서는 그 순간부터 대박집은 서비스가 시작된다. 그리고 최대한의 테이블 회전을 위한 모든 조치들이 자연스럽게 취해진다.

반면 그렇지 못한 집은 즐비한 메뉴판 중 제공되지 못하는 요리도 상당수 있고, 그나마 주문한 음식도 기다림에 지치게 만들기도 한다. 시스템을 만들지 못하고 그때그때 손님이 오면 제공하는 형태다.

장사를 통해 대박을 이뤘다는 이야기를 종종 듣는다. 누구는 3년 안에 건물을 사고 10년이 지나면서 수십억을 가진 부자가 됐다는 이야기도 나온다. 정작 이들의 성공 뒤에는 시스템이라는 것이 있었다는 것을 우리는 알지 못한다. 다음은 맥도널드의 성공 이야기다. 시스템을 곱씹어보게 한다.

맥도널드의 창업자는 맥과 딕 맥도널드 형제다. 캘리포니아 지방 소도시에서 시작한 이 햄버거 가게는 주문만 하면 신속하게 햄버거를 제공하는 체계를 갖췄다. 맛도 좋고 가격이 저렴해 인기가 좋았다.

맥도널드 형제는 햄버거를 빠르게 만들어 제공하는 시스템, 식당의 청결을 유지하는 시스템, 햄버거의 맛을 내는 시스템을 만들어 성공을 거둔 것이다. 맥도널드의 세계적인 성공은 레이 크록에 의해서다.

그는 맥도널드 형제가 만든 시스템 위에 매뉴얼이라는 것을 덧붙였다. 햄버거를 비롯해 감자튀김 등 모든 메뉴의 만드는 방법과 종업원이 해야 할 일을 분석한 후 매뉴얼로 만들었다. 이를 통해 숙련된 기술자가 없어도, 관리자가 없어도 운영이 자연스럽게 이우어지도록 했다.

장사에 대한 기준을 세우면 실패하지 않는다

추어탕으로 유명한 가게가 '춘향골남원추어탕' www.chunhyanggol.com이다. 푸짐한 추어와 뛰어난 맛으로 건강 보양식으로 사랑받고 있다. 첫 시작은 어땠을까. 처음부터 지금처럼 유명세를 치뤘던 걸까. 답은 '아니요'다.

> 춘향골 남원추어탕의 성공비결은 식재료를 아끼지 않는다는 점이다. 좋은 재료를 사용해 맛을 내야 고객이 만족하고 재방문이 이루어진다는 믿음이다.

춘향골남원추어탕의 서용교 대표는 1999년에 분당 정자동에 매장을 오픈했다. 당시 전 재산은 1억 5천만 원. 빌릴 수 있는 돈은 다 빌린 액수였다. 월세 30만 원짜리 집에서 살고 있을 상황이었다. 그리고 불과 2년 만에 두 곳의 건물 소유주로 등극

했다. 대형 평수도 아닌데 100㎡ 구 약 30평 매장에서 한 달 매출이 1억 3천만 원에 달했다. 17개 테이블이 하루에 7회전을 할 정도였다. 6천원에서 8천원 하던 추어탕이 그의 인생을 변화시킨 것이다.

그의 성공비결은 식재료를 아끼지 않는다는 점이다. 무조건 좋은 재료를 사용했다. 그래야 소비자가 재방문한다고 믿었다. 다른 곳보다 미꾸라지를 1.3배 정도 더 넣었다. 추어탕에 제일 중요한 미꾸라지가 적게 들어가면 손님들이 매장을 찾을 이유가 없다는 것이 그의 설명이다.

서 대표는 지금도 가맹점주들에게 재료에 대한 교육만은 철저하게 시킨다. 남원에서 전해져오는 전통 추어탕은 미꾸라지도 물론이지만 우거지와 된장, 간장이 맛을 좌우한다. 서 대표는 지리산에서 어머니가 직접 운영하는 공장에서 된장과 간장을 공수해 사용한다. 그리고 모든 가맹점에도 이 식재료를 공급한다. 진짜 남원추어탕을 맛볼 수 있게 하기 위해서다.

장사의 기준을 더 살피기 전에 먼저 장사가 잘 되는 집과 안되는 집의 차이는 무엇일까에 대해 생각해 보자. 장사가 잘 되는 집은 일단 상품이나 맛이 좋다. 또 서비스도 만족스럽다. 좌석이나 인테리어 등이 고객을 편안하게 해 준다. 친절하고 저렴하다. 반면에 장사가 잘 안되는 집은 맛이 없고 상품의 질이 떨어진다. 서비스도 엉망이며 자리는 너무 비좁아 앉기에도 부담스럽고 지저분하다는 등, 여러가지 이유가 있다.

여기서 자연스럽게 장사의 기준이 나온다. 즉 장사가 잘 되는 집의 요소들을 기준으로 삼으라는 것이다. 여기에는 간절함과 충실함이 반드시 동반되어야 한다. 잠시의 기교는 약간의 행운을 가져올 수 있지만, 오래가지는 못한다. 경쟁업종이 들어서거나 소비자의 기호가 조금만 변해도 살아남기 힘들어진다.

실패하지 않는 장사의 기준은 뭘까. 이익을 많이 남기는 것일까. 그러기 위해서는 무엇에 우선 가치를 두어야 할까. 위의 경우처럼 외식업의 경우에는 식재료에 중점을 두는 경우가 많다. 식재료가 이익을 만드는 첫 번째 기준이라는 점이다.

장사하는 이들의 갈등 중 큰 부분을 차지하는 것이 이익이 우선이냐, 충실함이 우선이냐. 그 둘이 공존을 해야 한다는 것을 알면서도 쉽게 뿌리치지 못한다. 고객은 최상의 상품을 저렴한 가격, 만족할 만한 가격에 공급받기를 원한다. 이러한 욕구가 충족된다면 단골고객이 되겠지만, 그렇지 않을 경우에는 언제든지 등을 돌릴 수 있다는 점을 알아야 한다.

외식업을 비롯해 판매업, 서비스업 등 모든 업종이 무한경쟁 상태다. 스스로 어떤 체급을 정해 경기에 임할 것인지를 먼저 생각해야 한다.

옆집이 장사가 잘 되는 것으로 보이는 단가 높은 고기구이 집이라 고민하고, 시골 어디에 선선한 맛있는 음식이 있다 하여 고민하다 보면 무한체급에 골리앗과 다윗의 싸움이 될 수도 있다.

하누소의 장세은 대표에게는 음식 철학이 있다. '좋은 재료로 최상의 맛을 제공하는 것이 음식점의 본분', '음식점 운영에 도 자존심과 규칙이 있어야 한다' 는 것이다. 이를 위해 하누소 푸드시스템을 만들기 전에는 당일 만든 음식만 판매한다는 원칙을 고수했다. 저녁 7~8시 이후에는 갈비탕이 떨어져 판매를 할 수 없을 때에도 이 원칙을 지켰다. 이러한 그의 장사 기준은 오히려 수많은 입소문을 유발하며 성공에 큰 도움이 됐다.

우리는 간혹 너무나 많은 순수익과 성공만을 바라면서 성공한 이들의 이면을 잘 보지 못하는 오류를 범하기도 한다. 인터넷에 올라온 창업자 이야기다. 그는 밥집으로 아이템을 정하면서 장사의 기준을 최고로 맛있다기 보다 항상 맛있을 수 있는 식사 메뉴와 일년 내내 재료 구입에 에로가 없을 만한 구성의 음식들로 충실도와 최선을 다하기로 정하고 R&D에 많은 시간을 투자했다. 음식 하나에 일년이라는 시간을 쏟아붓고 제철이 아닌 상태에서도 사용할 수 있도록 재료 관리를 한 결과 항상 일정한 맛을 유지하는데 성공했다. 음식의 굴곡이 없어진 것이다. 변화 없는 음식 맛에 고객들의 발길이 꾸준해졌고, 만족한 운영을 하고 있다.

자신만의 업종에서 어디에 중점을 두고, 어디에 기준을 잡아야 하는지를 먼저 정해야 성공에 조금 더 다가갈 수 있다.

상품이 아니라 정성을 팔아라

예로부터 전해져온 말이 있다. "음식 맛은 손맛이며, 정성이 중요하다"는 것이다. 정성을 들인 음식이라면 맛이 없을 리 없고, 정갈하지 않을리 없다는 것이다.

이 말은 음식점에만 해당되지 않는다. 모든 업종에 포함된다. 경영 비즈니스 관련한 책들을 보면 '가치를 팔아라', '보이지 않는 것을 팔아라' 라는 등의 제목을 종종 볼 수 있다. 의미하는 말은 정성이다.

장사는 물건을 팔아 수익을 내는 것이다. 어떻게 하면 잘 팔 수 있을까라는 고민을 하면서 '물건' 에 집중한다. 물건에만 모든 관심이 가 있으니 고객에게 속셈도 훤히 들여다 보인다.

경영 관련 서적을 살펴보면 물건을 팔기에 앞서 믿음과 정성을 먼저 팔아야 한다고 말한다. 물건을 드리내밀기 전에 믿음과 정성을 먼저 보여야 고객이 믿음과 신뢰가 생긴다는 것이다. 그럴 경우 물건은 저절로 팔려진다는 이야기다.

앞서 예를 들었던 버들골이야기www.bdgstory.co.kr 문준용 대표

이야기를 조금 더 해보겠다. 문 대표는 13년 전 2천만 원으로 작은 포장마차를 열었다. 신발공장을 운영하다 망해 마지막이라는 절박함으로 시작했다. 먹고 살자는 심정으로 시작한 것이 실내 포장마차 버들골이야기다.

문제는 요리 등 장사 경험 부족이다. 처음 얼마 동안은 고객이 왜 음식을 남기는지 알지 못했다고한다. 자신이 만들 당시에는 괜찮았는데, 고객이 왜 남겼을까. 남긴 음식을 먹어본 후에야 땅을 쳤다고. 정말 맛이 없었던 것이다.

그때부터 그의 음식 수행은 시작됐다. 맛있다는 집을 찾아 다니며 요리사에게 가르쳐 줄 것을 부탁했다. 입구에서부터 쫓겨나기 일쑤였다. 하지만, 그는 포기하지 않고 배울 수 있는 모든 것에 매달렸다. 혼자 요리를 만들어 보고 개발하고 모든 정성을 쏟았다.

그의 점포 부엌에는 '밀리면 죽는다' 는 문구가 붙어 있다. 더 이상 물러설 곳이 없다는 결연이다. 이같은 그의 정성과 노력은 다른 포장마차에서 볼 수 없는 버들골이야기만의 요리를 탄생시켰다.

문 대표의 경영철학은 음식이든 사람이든 정성껏 대해야 성공한다는 것이다. 그래서 선택한 전략이 서비스 마인드로 무장한 정성이다.

그는 "주점의 특성상 맛 하나만으로는 성공하기 힘들다고 판단했다"며 "맛으로 승부하는 가게는 더 맛있는 가게가 생기면 경쟁력을 잃기 마련이지만 음식과 손님에 대한 정성은 변치 않는 무기가 된다"고 말한다.

고객에게 정성으로 대해야 한다는 신념이 버들골이야기를 성공으로 이끈 셈이다. 목적을 가지고 고객 반응을 기대하는 것이 아니라 고객과 인간적으로 친해지고 싶은 마음을 담아 정성으로서 제공하는 고객 관계 형태다.

정성을 팔기 위해서 중요한 것은 일의 즐김이다. 앞서 버들골이야기 문 대표는 간혹 새로운 요리를 만들어 고객에게 제공한다. 계획된 것이 아니라 즉흥적이다. 시장을 보다 싱싱한 재료를 발견하고 '저걸로 이렇게 만들어보면 어떨까' 하는 것이다.

봄에는 야외에 나가 산나물이나 야생화를 보고 요리에 야생화를 올려놓기도 한다. 이러한 문 대표의 돌발 행동은 고객에게는 또 다른 재미다. 나만의 특별함을 느끼게 만들어 큰 즐거움을 준다.

자신의 정성이 담긴 즐거움이 고객의 즐거움으로까지 확대된 경우다. 이렇듯 정성은 나의 즐거움을 고객과 함께 공유해야 진정한 가치를 발한다.

'정성을 팔아라'의 또 다른 의미는 가치이다. 고객이 상품에 대해 돈을 지불할 가치와 고객에게 충분한 돈을 말할 수 있는 가치를 모두 포함한다. 이러한 가치가 상호 만족스러울 경우에는 놀라운 매출로 연결될 수 있다.

여기서 가치가 항상 일치하지는 않는다. 예를 들어 장사하는 입장에서는 수익을 고려해 상품의 가격을 1만원으로 정했다. 이 1만원에는 재료의 원가, 전기료, 인건비, 월 임대료, 순수익 등이 포함되어 있다.

그렇다면 고객은 1만원에 대한 가치를 어떻게 정할까. 고객은 재료의 원가, 순수익, 서비스 등에 앞서 자신의 만족도에 중점을 둔다. 입구에 들어서는 순간부터 종업원이 대하는 태도, 주문받는 모습, 매장의 인테리어, 기존 손님들의 반응, 음식의 디자인, 테이블 청결상태 등이다. 즉 상품을 먼저 보기 전에 이미 상품의 가치를 결정한다.

음식점의 경우 먹어보기도 전에 "다음에 올께요"하고 일어나거나 입구에서 잠깐 살펴보고 "다른 데로 가자"는 경우를 종종 볼 수 있다. 따라서 정성은 점포의 아웃테리어부터 시작된다.

점포의 유리부터 입구, 바닥, 종업원, 청결상태 등이 모든 것에 정성을 담아야 한다. 단지 고객을 대하는 것에만 정성을 담아서는 절반의 성공에도 이르지 못한다.

고객 호응을 이끌 서비스 마케팅 갖춰라

사회 현상이 빠르게 변화하고 있다. 장사도 과거처럼 단순히 전단지 등 홍보지를 뿌리고 맛만 좋다고 성공할 수 있는 단계를 넘었다. 환경이 변화되는 만큼 자신도 변화해야 한다.

여기서 중요하게 거론되는 것이 마케팅이다. 보이지 않는 마케팅은 고객을 모으는 중요한 요소다. 대기업을 중심으로 사업에서의 마케팅은 굉장히 중요하다.

아쉽게도 장사에서 마케팅은 중요 대접을 받고 있지 못하다. 기업이라고 불릴만한 프랜차이즈 가맹본사도 마찬가지다. 마케팅에 중점을 두지 않고 가맹점 개설이나 물류 확보에 더 열중이다.

장사를 하면서 단골 고객을 만들라는 이야기는 자주 듣는 말이다. 단골 고객은 그만큼 점포를 자주 찾아준다는 의미도 있지만, 내 점포에 대한 충성도가 높아 입소문 효과도 크다. 매출에 절대적 영향을 준다.

마케팅은 이같은 단골 고객을 만드는 의미다. 한번 등을 돌린 고객을 되돌리기 위해서는 신규 고객을 단골 고객으로 만드는 것에 비해 5배 이상의 노력이 든다. 마케팅이 중요한 이유다.

최근에는 서비스 마케팅이 부각되고 있다. 서비스 산업의 발달로 금융 부동산 여행 등의 서비스 분야에서도 마케팅 전략의 중요성이 강조됨에 따라 생긴 개념이다. 유형의 상품과 비교해 볼 때 서비스는 형체가 없는 무형성, 생산, 구매, 소비가 동시에 이루어지는 동시성 또는 비분리성, 서비스의 표준화와 규격화가 어려운 이질성, 보관과 저장이 불가능한 소멸성이라는 특성을 가지고 있다.

무형성의 마케팅 포인트는 '서비스 비중이 높은 제품은 어떻게 하면 신뢰를 얻을 수 있는가'이다. 가장 쉽게 접근할 수 있는 방법은 체험을 통한 제품 신뢰구축 전략이다. 일주일 사용해 보고 제품 구매를 결정하도록 하거나, 시식권을 제공하는 것을 말한다. 서비스는 대량으로 제공하기가 어렵다. 한 번에 서비스를 제공받는 사람이 적을수록 가치가 높다. 따라서 수요와 공급이 중요하다.

이같은 서비스 마케팅 외에도 점포에서 가장 활발하게 활용되고 있는 마케팅을 이야기 해보자 먼저 감성 마케팅이다. 이것의 의미는 소비자의 감성을 자극하는 마케팅이다.

감성 마케팅은 이성 마케팅의 반대 개념이다. 가격에 비해 월등한 성능, 세세한 기능 설명 등이 이성에 호소하는 마케팅이라면 감성 마케팅은 디자인이나 느낌, 당시의 감정 등이 작용해 소비가 이뤄지도록 유도한다.

이는 이성에 호소하기 보다는 직관과 이미지를 중시하는 감성을 자극하는 편이 보다 쉽고 적극적으로 소비자를 사로잡을 수 있기 때문이다.

감성마케팅은 이러한 점을 노려 눈에 보이지 않는 감성이나 취향을 눈에 보이는 색채, 형태, 소재를 통해 형상화시킨 것이다. 따라서 소비자의 시각과 후각, 청각을 자극하는 형태가 대표적이다. 가장 활발한 것은 시각적 효과다.

패밀리레스토랑 '솔레미오' www.솔레미오.kr는 원목의 자연스러움을 그대로 표현한 내부 구성과 아기자기한 소품들로 여성의 감성을 자극한다. 잘 조성된 공원에 온듯한 야외공간을 연출해 젊은 연인들 사이에서는 유명세를 타고 있다.

원목의 자연스러움과 아기자기한 소품들로 여성의 감성을 자극하는 솔레미오. 이같은 인테리어와 저렴한 가격구성의 감성마케팅으로 관심을 받고 있다.

아기자기한 소품과 꽃들로 장식된 인테리어가 특징이다. 여성의 감성을 자극하기 좋은 핑크색의 화사함과 옐로우그린톤의 내추럴한 분위기를 풍긴다.

요리는 스파게티 본고장인 이태리 북부의 유명한 리조또 요리에서부터 강한 향신료를 사용하는 남부 요리의 특징까지를 모두 담았다. 매콤하면서도 야채의 향이 어우러진 정통 이태리 스파게티를 제공한다. 연인 뿐만 아니라 가족 외식 공간으로서의 분위기와 맛을 모두 갖췄다는 평가를 받고 있는 브랜드다.

두 번째는 데이마케팅이다. 데이마케팅의 성공적인 경우가 일본의 발렌타인데이와 우리나라의 빼빼로데이다.

발렌타인데이는 일본의 유명 제과회사 모리나가가 1958년 '2월 14일 발렌타인데에에 하루만이라도 여자가 남자에게 자유로이 사랑을 고객하게 하자' 라는 캠페인을 전개해 성공시켰다. 모리나가제과는 발렌타인데이가 인기를 끌자 1970년대 들어 '2월 14일에 받은 사랑을 3월 14일에 보답하자' 라는 화이트데이를 주장해 유행시켰다.

데이마케팅이란 특정한 날짜에 특별한 의미를 부여해 소비자들에게 자연스럽게 홍보하는 것을 의미한다. 현재 사용되고 있는 대표적인 데이마케팅은 14일이다.

1월 14일 다이어리데이를 시작해 2월 발렌타인데이, 3월 화이트데이, 4월 블랙데이, 5월 로즈데이, 6월 키스데이, 7월 실버데이, 8월 뮤직데이, 9월 포토데이, 10월 와인데이, 11월 무비데이, 12월 머니데이 등이다.

위의 데이마케팅이 외국에서 유래한 것이라면 최근에는 국내 농수산물 이용 확대와 외식업체의 생존을 위한 데이마케팅이 활발하다. 이미 전 국민에게 알려진 대표적인 것은 3월 3일 삼겹살데이와 11월 11일 가래떡데이, 3월 7일 삼치데이, 5월 2일 오이데이, 9월 2일 구이데이 등이 있다.

춘향골남원추어탕www.chunhyanggol.com은 지난 2005년부터 전북 남원시와 남원시 간내 음식점과 연합해 '추어'와 발음이 비슷한 7월 5일을 추어데이로 정하고 추어탕을 먹기 권장에 나섰다.

추어탕은 영양이 풍부해 정력과 피부미용에 효과가 있다. 맛도 있고 영양도 풍부해 대표적인 여름 보양 음식이다. 춘향골남원추어탕의 대표 메뉴는 추어탕, 추어튀김, 숙회 등이다. 특히 추어불고기, 추어돈까스, 추어만두는 어린이를 동반한 가족 고객을 위해 개발됐다.

이같은 데이마케팅이 성공하기 위해서는 아이템이 가진 속성과 소비자의 라이프 스타일을 파악해 그들이 공감할 수 있는 적절한 스토리텔링을 만들어야 한다.

세 번째가 유니폼 마케팅이다. 1차적인 고객 접대를 하는 종업원의 서비스 질을 높여주는 효과 뿐만 아니라 시각적으로 보여주는 효과도 높다. 단순히 위생과 청결을 상징하던 의미에서 브랜드 가치까지 생각하는 개념으로 바뀌었다.

최근의 유니폼은 실용성과 기능성 뿐만 아니라 색감과 모양 등 디자인 면에서도 뛰어난 경우가 많다. 저렴한 비용으로 매장을 홍보할 뿐만 아니라 브랜드 이미지까지 대표할 수 있는 마케팅으로 떠오르고 있다.

[점포에서 활용 가능한 마케팅 5가지 유형]

- 감각마케팅 – 고객의 감각을 자극할 즐거움에 초점을 맞춘다. 시각적 이미지와 그 외의 네 가지 감각을 활용해 감성에 영향을 줘 고객의 뇌리에 기억되어야 한다.
- 감성마케팅 – 고객의 기분과 감정에 영향을 미치는 감성적인 자극을 통해 브랜드와 유대관계를 강화한다.
- 지성마케팅 – 지적 욕구 자극이다. 고객으로 하여금 창의적으로 생각하게 만든다.
- 행동마케팅 – 다양한 선택권을 제공해 육체와 감각에 자극되는 느낌을 극대화시킨다. 고객으로 하여금 능동적 행동을 취하도록 한다.
- 퍼스널 관계마케팅 – 고객과 일대일 관계를 맺는다는 의미다. 고객 개개인의 욕구를 충족시켜 만족도를 극대화하는 전략이다.

인터넷·소셜마케팅을 이용하라

　페이스북, 트위터 등 소셜네트워크 대세다. 과거의 온라인 마케팅의 중점은 홈페이지와 블로그였다. 홈페이지가 점포나 기업 입장에서 정보를 고객에게 전달하는 형태라면 블로그는 소비자가 생산해 공유한다는 개념이다. 신뢰면에서 홍보 효과가 높았다. 하지만 실시간 이용이 쉽지 않았던 것이 문제였다. 지금은 스마트폰이 대중화되면서 트위터나 페이스북, 미투데이 등을 통한 소셜네트워크는 삶의 변화를 가져왔다. 장소를 불문하고 어디서든 원하는 정보를 찾고 의견을 교환하면서 정보의 홍수시대가 됐다.

　원하는 제품을 어디에서 사는 것이 좋으며, 지역별 맛집과 우수 매장에 대한 의견이 수시로 교환된다. 매출에도 영향을 미친다.

　그렇다면 소셜마케팅이란 무엇인가. 다양한 집단과 개인들의 다양한 목적 달성을 위해 공동으로 메시지와 가치를 창조하고 함께 목적을 달성하고자 하는 마케팅이다. 과거의 마케팅이 마케터(기업)에 의해 주도되고 기업에 의해 제시된 상업적 메시지를 소비자에게 전달함으로서 기업의 목적을 달성하고자 했던 것과 차이다.

　소셜마케팅은 말 그대로 많은 유저들이 활용하고 있는 SNS

서비스를 이용하는 마케팅이다. 실시간 고객과의 소통을 할 수 있는 실시간 마케팅이다. 짧은 소통으로 브랜드를 알리거나 유저들과 브랜드간의 대화를 통해 마케팅을 할 수 있다.

이러한 소셜마케팅은 개인적으로도 어려운 방법이 아니기 때문에 누구나 소셜마케팅 활동으로 정보들을 노출시킬 수 있다는 장점이 있다.

소셜미디어 활성화에 따라 등장한 것이 소셜커머스다. 전자상거래 방식의 공동구매 사이트다. 기존의 공동구매와 다른 점은 일정 수량이상이 판매되어야 할인된다는 점과, 일정 수량을 채우기 위한 입소문을 내기 위해 트위터라는 소셜미디어를 사용하기 때문에 소셜커머스라고 불린다.

이같은 소셜커머스의 장점으로는 평소 오프라인 매장에서는 접할 수 없는 파격적인 할인가를 제공해 소비자 입장에서는 저렴한 가격에 제품 구매가 가능하다는 점이다. 장사 입장에서는 판매되지 않는 메뉴나 특정 미끼 상품을 통해 고객을 점포로 유입시킬 수 있다. 두 번째는 판매하는 상품이 외식상품부터 IT기기, 학원수강료와 피부관리 등 서비스상품까지 생활전반에 걸쳐 방대한 영역이라 실제 생활에 도움이 된다.

단점으로는 장사하는 입장에서는 할인된 가격에 제공하기 때문에 원가 부담이 적은 상품을 결정해야 하며, 사용기간 설정으로 쿠폰을 구입한 고객이 한 순간에 대거 몰림으로 인해 기존 단골 고객들이 점포를 이용하는데 불편할 수 있다는 점이다.

소비자 입장에서는 우수한 상품을 파는 경우가 많지 않고 판매와 홍보를 위한 미끼상품일 경우도 있으며, 쿠폰에 기한이 설정되어 있거나 주말 사용 불가 등 사용 제약이 걸려 있는 경우가 있다. 이로 인해 사용하지 못할 경우 환불 가능이 안되는 경우도 있다.

이같은 소셜네트워크는 SNS : Social Network Service는 과거 입소문 효과로 불려진 바이럴마케팅 Viral Marketing의 하나라고 볼 수 있다.

바이럴마케팅은 소비자가 직접 방문하고 상품을 구매한 경험을 바탕으로 생산되는 콘텐츠여서 신뢰성이 높다. 또 소비자와 소비자 간의 자유로운 전파를 타는 쌍방향 커뮤니케이션이다. 이러한 입소문은 중간의 특별한 상황이 발생하지 않는 한 지속성을 가지며, 상대적으로 비용도 저렴하다.

이러한 바이럴마케팅은 온라인 대중화와 소셜네트워크 활용이 높아지면서 다른 어떤 마케팅 방법보다 빠른 속도로 온라인 상에서 확대되고 있다. 소비자가 스스로 생산하는 콘텐츠에 비해, 소비자가 느끼는 충성도 및 신뢰도로 인하여 효력도 높다.

하지만 이같은 바이럴마케팅은 거짓된 정보나 과장된 정보 제공시에는 치명적이다. 다른 사람이 가서 확인하고 나면 바로 확인이 가능한 일이기 때문이다. 투명하고 올바른 정보를 통하여 모든 사람이 공감하도록 전달해야 한다.

이제 점포 홍보를 위한 소셜네트워크에 대해 이야기해 보자. 장사하는 사람들 중에는 '효과가 좋다'라는 말만 믿고 찬성하는 경우가 종종 있다. 점포의 특성이 어떻게 되며, 주 고객층의 연령대 및 성별 등을 고려한 마케팅에 대해서는 뒷전이다. 이래서는 제대로 마케팅을 했다고 할 수 없다.

마케팅의 대상이 되는 주 고객층의 행동패턴과 소비패턴이 어떤지 파악해야 한다. 또 소셜네트워크 서비스에 대한 특성을 파악해, 공략해야 할 대상과 매체를 결정해야 한다.

시크릿 창업 5

{ 점포 운영 }

오픈 효과를 믿지 마라!

　집에 가는 도로 중간에 새로운 가게가 오픈했다. 점포 밖에는 도우미 아가씨들의 안내 멘트와 입구에는 사람들이 북적거린다. 오픈한지 이틀됐다고. 점포 안으로 고개를 들이미니 앉을 자리가 없다. 기다리란다. 궁금했다. 간판과 밖의 모양을 봐서는 돼지고기 부위별 전문점인 것 같은데, 사람이 많은 이유가 뭘까.

　먼저 든 생각은 맛있어서일까였다. 내일 다시 와야지라고 결심하고 발길을 돌렸다. 하지만, 그 다음날도 여전히 사람들로 가득차 있어 들어가지 못했다. 그 점포에 들어가서 맛을 본 것은 2주가 지나서였다.

　같은 시간대에 방문했음에도 손님들은 절반 정도로 줄어 있었다. 매장 크기에 비해 조금 많다 느껴지는 종업원 중 일부는 할 일이 없어 주방 앞쪽에서 자기들끼리 수군대며 이야기중이었다. 맛은 특별함을 느끼지 못했다. 서비스 역시 마찬가지다. 그냥 그랬다는 기억이다. 한달이 지나고 다시 그 점포를 방문했다. 한달 전과 달라진 것은 없다. 사장은 "오픈 때 다들 괜찮다고 했는데, 왜 오픈 때보다 매출이 절반으로 떨어졌는지 이해하기 힘들다"고 말한다.

이유는 오픈 효과다. 두가지 경우로 발생한다. 하나는 고객들이 엄청나게 몰려들어 마치 대박집을 방불케하는 경우다. 다른 경우는 하루이틀 지나고 나서 싸늘한 점포다.

누구나 전자를 원할 것이다. 많은 점포를 운영하는 사장님들도 오픈 때처럼만 장사되면 좋겠다고 말한다. 여기서 말하는 오픈 효과란 고객의 몰림을 말한다.

오픈 효과가 발생하는 요소는 여러 가지가 있다. 첫 번째는 호기심이다. 슈퍼마켓 등 판매점을 예로 들면 새로 오픈하면서 일주일이나 10일 정도 가게 홍보를 위해 할인이벤트를 실시한다. 일정 상품을 인근 경쟁 점포보다 저렴하게 제공하거나 별도의 상품을 주기도 한다. 이럴 경우 기간 동안의 매출은 상승한다. 하지만 고객은 냉정하다. 가게 홍보를 위한 기간이 지난 후에는 인근 경쟁 점포와의 상품과 가격을 비교해 구매한다. 당연 오픈 때보다 매출이 떨어진다.

외식업의 경우에는 오픈 효과에 현혹되기가 더욱 쉽다. 점포가 신규 오픈하면 1차 방문 목적은 역시 호기심이다. 맛과 서비스, 인테리어 등에 만족을 했다면 단골 고객들이 증가하고, 이들의 입소문을 통해 매출이 오를 것이다. 하지만, 인근의 동종 업종과 별다른 차이가 없다면, 계속 방문이 이어질까. 답은 NO다. 매출은 하락하고 고객들은 멀어진다.

두 번째는 대중성이다. 새로운 점포가 생겼고, 내부에는 고객들로 가득할 뿐만 아니라 밖에는 순번을 기다리는 고객도 있다. 인근에도 비슷한 점포가 있다. 고객이 별로 없다. 장사에는 이런 속담이 있다. "사람이 많이 몰리는 곳에는 이유가 있다" 외식업에서는 맛이라고 보는 경우가 대부분이다. 사람이 많은 곳으로 당연 발길이 옮겨진다.

세 번째는 이벤트다. 주력 상품에 대해 오픈 기념 가격 할인이 가장 대표적이다. 이밖에 주류 1+1, 테이블당 음료수 서비스 등도 실시된다. 이 경우에는 주소비층이 누구냐에 따라 달라진다.

주부들이 즐겨찾는 아이템의 경우에는 시장바구니나 그릇, 컵 등 제공이 많다. 가족 고객이 즐겨찾는 외식 아이템의 경우에는 어린이를 위해 음료수 제공, 애벌레 등 곤충 키우기 등을 서비스하기도 한다. 회사원이나 젊은층인 경우에는 주류 1+1, 장미꽃 등이다.

점포를 운영하는 사장님들은 점포를 오픈한 처음 한달간의 매출이 그 점포의 평균 매출일 것이라고 생각한다. 잘못된 생각이다. 말 그대로 오픈 효과다.

이같은 오픈 효과를 믿지 말라는 말은 위의 경우처럼 아이템의 특성이나 창업자의 노력에 의한 결과물이라기 보다는 단순히 호기심이나 이벤트에 의해 고객이 몰렸다는 점이다. 이러한 고객은 쉽게 몰렸다 쉽게 사라진다.

창업 성공을 위해서는 단골 고객 확보가 필요하다. 단순히 스쳐지나가는 철새 손님이 아닌 지속적이고 꾸준히 점포를 방문해주는 단골 고객이 필요한 것이다. 이들은 직접 방문해 매출에 도움을 주기도 하지만, 입소문 당사자가 되거나 방문 때마다 새로운 고객을 데리고 오는 충실한 고객이다.

오픈 당시에는 이러한 단골 고객이 없다고 봐야 한다. 따라서 진정한 나의 매출이 아니다. 단순히 호기심이나 대중심리로 인해 방문한 고객 보다는 내가 제공하는 상품에 대해 만족하고 나의 서비스를 좋아하는 고객을 받아들여야 한다.

오픈 당시의 희비에 따라 "아 이게 아니구나" "어 이거 대박이네" 이런 생각으로 제대로 자신의 마케팅도 펼쳐보지 못하고 6개월도 지나지 않아 고민하는 것은 창업자의 자질을 의심하지 않을 수 없다.

Tip 떡볶이라고 우습게 보지 마라

한식 세계화 열풍이 거세다. 세계에서도 한식 매니아를 자처하는 스타들이 연일 매스컴에 오르내린다. 이 가운데 몇 년 전부터 인기를 얻고 있는 아이템이 떡볶이다. 쌀 소비 촉진 일환으로도 정부가 지원을 펼치고 있다. 쫄깃한 질감을 자랑하는 '요런떡볶이' www.yodduk.co.kr는 차별화된 메뉴와 세련된 인테리어 컨셉으로 젊은층을 겨냥한 프랜차이즈 브랜드다. 자체적인 포장 기법으로 시간이 지나도 불지 않고 쫄깃한 떡볶이 맛을 살려내고 있다.

요런떡볶이는 신선한 우리 쌀에 크로렐라, 코코아, 보리, 녹차, 단호박, 백년초 등의 곡물과 야채가 어우러진 웰빙 떡볶이다. 모짜렐라 치즈보다 쫄깃하고 24시간이 지나도 붇지 않는 신개념 떡볶이로 평가받고 있다.

모양도 일반 떡볶이와 다르다. 동그란 형태에서 벗어나 사각 모양이다. 소스가 흘러내리지 않아 떡볶이의 깊은 맛을 전하고 있다.

인테리어는 카페 컨셉이다. 젊은층의 기호에 맞췄다. 조리 방식은 원포션 시스템으로 간편하고 위생적이다. 경험이 없는 창업주라도 쉽게 창업할 수 있도록 시스템화 했다.

🌱 내가 만족하는 것과 고객이 만족하는 것의 차이를 느껴라!

창업시장에서 취재를 하다 보면 꼭 잘 되는 점포만 취재를 하게 되는 것은 아니다. 때로는 운영이 잘 안 되는 매장도 취재를 하게 된다. 굳이 안 된다는 컨셉으로 접근한 것은 아닌데, 우연히 이야기를 듣다보면 문제점을 알게 된다.

그 중에 많이 듣는 소리가 있다. '점포 위치도 좋고, 맛도 괜찮고, 인테리어는 깔끔하고, 서비스도 만족스러운데, 왜 매출이 오르지 않을까' 하는 고민이다. 보기에도 그렇다.

문제는 뭘까. 바로 '맛도 괜찮고 서비스도 만족스러운데' 라는 기준이 창업자 자신의 판단이라는 점이다. 여기서 어떤 창업 전문가는 '정도'라고도 말한다.

"이 정도면 되겠지"하는 것을 말한다. 여기에는 맛을 비롯해 가격, 품질, 서비스, 인테리어 등 모든 것이 포함된다.

통삼겹 초벌구이와 젊은층의 입맛에 맞는 양파소스. 삼겹살 브랜드로 선풍적인 인기를 끌고 있는 벌집삼겹살 www.bulzip.co.kr이라는 브랜드가 있다.

5장 점포 운영

벌집삼겹살 서울지부 노승환 대표는 '정도'를 넘어서는 것에 고민했다. '이정도면 …'이 아니라 고객의 '놀람'을 만드는 것. 소스 등 작은 시도가 폭발적 호응으로 연결됐다.

2005년 1월 첫 매장을 오픈하면서 런칭한 벌집삼겹살은 현재 국내 250여개 매장으로 성장했다. 성장의 원동력은 통삼겹에 벌집 모양의 칼집을 만든 후 초벌구이를 통해 육즙을 살리면서 고기는 부드럽게 만든 맛이다.

벌집삼겹살을 이끄는 선장은 개그맨 출신 이승환 대표다. 하지만, 벌집삼겹살은 지역별 대표가 함께 운영하는 형국을 가지고 있다. 이들 중 트렌드를 리드하는 지역은 단연 서울이다. 서울에서 30여개 매장을 관리하며 벌집삼겹살 브랜드를 공고히 하는데 앞장서고 있는 인물은 노승환 대표다. 브랜드를 런칭할 때부터 서울을 맡아 메뉴 개발 및 매장 운영에도 큰 역할을 해내고 있다.

그가 벌집삼겹살에 관심을 가진 이유는 대중적인 먹거리인 삼겹살에 대한 안정적 수요, 초벌구이와 2차 숯불을 통한 맛 때문이다. 그는 벌집삼겹살 서울을 맡으면서 가장 먼저 관심을 기울인 것이 타깃 고객에 맞는 맛 개발이다.

"제대로 된 재료로 맛을 제공하는 것이 목표였다. 통삼겹과 직화라는 뛰어난 재료와 요리 방법을 무기로 고객 입맛을 잡기에 가장 고심했다"

그가 고민한 부분은 '정도'를 넘어서는 것이었다. 통삼겹과 직화만 가지고는 고객이 생각하는 '정도'를 넘어서기 어려웠다. '이 정도'의 만족이 아니라 '놀람'을 이끌어 내야만 성공한다는 생각이었다.

수많은 고민 끝에 내 놓은 것이 소스다. 일본의 간장 스타일을 우리나라 입맛에 맞게 변화를 줬다. 결과는 20~30대 젊은 층의 입맛을 잡으면서 폭발적인 호응을 이끌어 냈다.

노승환 대표는 벌집삼겹살 서울본부를 맡기 전에 의류와 맥주매장 등을 운영한 경험을 가지고 있었다. 이러한 장사 경험은 주요 고객이 무엇을 필요로 하며, 어떤 것을 제공해야 하는지 등에 대한 감각을 키우는데 도움이 됐다.

"고객이 먼저 불러서 요구하기보다, 고객이 무엇을 필요로 하는지를 판단해 말하기 전에 제공해야 살아남을 수 있다. 고객의 입맛과 트렌드는 그만큼 변화가 빠르다"

소비자가 원하는 맛을 개발하기 위해 최선을 다할 것이라는 노 대표의 강한 의지가 벌집삼겹살에 대한 믿음을 키우고 있다.

또 다른 예를 하나 들어보자. 쌀로 만든 웰빙와플전문점 '와플킹' www.waffleking.kr 이야기다. 밀가루를 전혀 사용하지 않고 100% 국내산 쌀만 이용해 와플을 만든다는 차별화 요소로 소형 카페전문점 창업자들에게 인기를 끌고 있는 브랜드다.

기존의 와플과 차별화하기 위해 생크림에 설탕을 전혀 첨가

하지 않았다. 30% 이상 칼로리를 낮춘 순식물성 생크림은 여성들과 아이들 간식으로 안성맞춤이다.

개발과 노력을 통해 카페전문점 시장에서 두각을 보이고 있는 '와플킹' 쌀로 만들고 설탕을 첨가하지 않고 순식물성 생크림으로 맛을 내 주부들의 인기가 높다.

특히 와플을 미리 구워놓지 않고 주문과 동시에 굽는 방식을 채택해, 바삭하고 고소한 맛을 배가시켰다. 여러 종류의 와플 이외에도 수제 소시지와 핫도그, 다양한 원두 커피, 아이스티 등도 갖추고 있어 주부들의 사랑방 역할도 하고 있다. 이같은 경쟁력을 바탕으로 와플킹은 브랜드를 론칭한 후 주택가를 중심으로 소리없이 강한 영향력을 발휘하고 있다.

이 두 브랜드의 특징은 개발과 노력이라는 점이다. 우리는 주위에서 모방과 모방을 통해 브랜드가 탄생되는 과정을 종종 본다. 좋게 말해 벤치마킹이다. 경쟁 업종의 여러 브랜드를 놓고 각각의 브랜드의 장점을 모아 하나의 브랜드가 탄생되는 과정이다. 물론 모방은 창조의 어머니다. 모방을 통해 새로운 창조의 세계가 열린다. 하지만, '이 정도면'이라는 생각은 모방에서 그칠 뿐 창조로 넘어가지 못한다.

역으로 내가 고객이라고 생각하자. 친구와 또는 가족과 점포를 방문했다. 종업원의 서비스와 인테리어, 맛, 분위기 등에서 느낌을 받아야 재방문이 이뤄진다. 모든 것이 평범했다는 느낌은 다시 오고 싶지 않은 점포라는 것과 별로 다를게 없다. 또한 서비스, 맛, 인테리어, 분위기 중 어느 하나라도 마음에 들지 않는다면 그 역시도 재방문이 어려워진다. 물론 주위에서 물어보면 별로 가고 싶지 않은 곳이라는 평가도 뒤따른다. 여기서 내가 만족하는 것과 고객이 만족하는 것에 대한 차이가 발생한다. 고객으로부터 지갑을 열게 만들고 싶다면 모든 기준을 고객에게 맞춰야 한다. 너무나 당연한 이야기이지만, 잊어버리고 있는 것 같다. 오늘 지금이라도 내 점포를 둘러보며 '내가 고객이라면 정말 만족스러울까'를 진지하게 고민해보는 것이 어떨까.

좋은 종업원이 단골 고객을 만든다!

1990년 중반 서울 신림9동에 위치한 고시촌 입구를 조금 올라가다보면 사거리에 약국이 하나 있다. 고시촌 남성들 사이에 유명한 약국이다. 인근에 약국이 여러개 있지만, 아파서 약을 조제할 때 뿐만 아니라 마스크나 비타민 등을 구매할 때도 먼길을 돌아 찾아간다. 이유는 약국에서 일하는 아가씨 때문이다. 당시 20대 초중반으로 보이는 아가씨의 외모는 상당히 출중했다. 더구나 친절한 서비스까지 더해 고시촌 남성들의 구애도 끊이지 않을 정도였다.

우리는 이같은 예를 주위에서 쉽게 찾아볼 수 있다. 커피 프린스라는 유행했던 드라마가 있다. 드라마가 히트를 치면서 커피전문점에 꽃미남 종업원 열풍이 불었다. 주 고객층인 젊은 여성들의 기호가 반영된 셈이다. 인터넷을 뜨겁게 달군 대학가 앞 편의점의 얼짱 소녀도 한 예다.

고객과의 1차적인 접촉 대상이 종업원이다. 종업원의 말투와 행동 하나하나가 고객의 점포 이미지를 좌우한다. 따라서 종업원이 점포 매출에 결정적 영향을 주고 있다는 것은 어제 오늘의 이야기가 아니다. 많은 이들이 듣고 알고 있다. 장사를 하는 사람들도 물론 안다. 그런데도 종업원 관리가 여간 어렵다고들 말한다. 종업원으로 제대로 효과를 보고 있는 점포는 그리 많아 보이지 않는다.

이유는 종업원에 대한 인식이다. 어떤 업종이든 혼자서 점포를 운영하기는 쉽지 않다. 따라서 필요한 것이 종업원이다. 종업원은 점포 운영을 더 나은 방향으로 흐르게 도와주는 존재다. 하지만 주인들은 시간당 또는 주당, 월로 보수를 주고 내가 고용하는 사람이라는, 점포를 위한 물건이라는 인식에서 벗어나지 못한다. 종업원과 내가 동반자적 입장이라는 생각을 하지 않는다.

매출이 오르면 종업원이 잘 했다고 생각하지 않는다. 내가 잘했다는 생각을 한다. 또한 음식 맛이 좋아서, 점포를 잘 구해서, 브랜드가 좋아서, 가격이 저렴해서, 홍보를 잘해서 등으로 생각한다. 여기에 종업원의 능력은 배제된다. 그러면서 종업원에게 친절한 서비스, 내 것처럼 일해 줄 것을 요구한다. 종업원을 단지 부리는 사람으로만 생각한다면 종업원 또한 그런 생각으로 점포를 생각하고 그 생각이 고객에게도 전달된다. 하지만 주인이 종업원을 가족처럼 생각한다면 종업원 또한 내 점포라는 생각에 의욕적으로 일하게 된다. 상대방을 진심으로 동참시키는 일, 이것이 바로 점주·경영자의 몫이다.

안산시 상록구 이동 굴마을낙지촌 www.gulgul.kr 안산점은 인근에서 대박집으로 불린다. 이유는 맛과 서비스다. 일평균 매출이 성수기에는 300~400만원 선이다. 장사 초보인 장영주 사장이 운영을 시작한 시기는 2006년 12월부터이다. 그녀의 영업전략은 맛이었다. 굴국밥 등 요리에 들어가는 굴의 양을 늘리고, 찹쌀도 일반 찹쌀이 아닌 농가와 별도의 계약을 체결, 최상품의 품질로 공급받았다. 김치도 매일매일 담그는 겉절이로 바꿨다.

점포의 성공요소 중 의외로 차지하는 비중이 높은 것이 종업원이다. 종업원들이 주인의식을 가지고 있는 매장은 실패할 수 없다.
굴마을낙지촌 안산점은 종업원 평균 근무 기간이 4~5년 이상이다. 그만큼 복지·월급도 신경쓴다.
사진은 안산점 장영주사장.

성공의 또 다른 밑바탕은 종업원이다. 그녀의 창업 초창기부터 함께 한 종업원이 대부분이다. 종업원들이 오래 근무하면 월급이나 복지 등에 신경을 써야 하지만, 그만큼 매장 운영에도 득이 된다는 것이 그녀의 지론이다.

"오래 근무하면서 다들 주인의식을 가지고 있어 크게 신경을 쓰지 않아도 매장이 잘 돌아가요. 또 요리도 익숙해지면서 맛을 유지하고 서비스를 하는데 각자의 노하우가 큰 역할을 하고 있어요"

굴마을낙지촌 안산점은 맛에 반해 수원, 인천, 안양 등에서도 고객들이 찾아올 정도다. 한번 맛을 본 고객들의 재방문이 이어지면서 단골 고객이 큰 비중을 차지하고 있다.

외식업종에서 종업원은 맛과 서비스의 품질을 좌우한다. 아무리 훌륭한 맛이나 서비스라 하더라도 그 대상이 되는 고객의 기대와 수요를 제대로 이해하지 못한다면 아무 소용이 없다. 장영주 사장의 경우에는 종업원들의 근무 기간이 늘어나면 각종 복지나 수당 등을 별도로 챙겨준다. 종업원들이 다른 곳으로 이직을 생각하거나 그만두려고 하지 않는다. 주인이 잠깐 자리를 비워도 점포 운영은 활기차다.

그렇다면 종업원 선택과 교육은 어떻게 해야 할까. 종업원에 대한 기본 마인드를 새롭게 하고 해당 상권 특성에 맞는 종업원을 선택해야 한다. 종업원은 자신의 이익을 추구하기 위해

의사결정을 하기 마련이며, 100% 맘에 드는 종업원은 없다고 생각하는 점이 경영자 입장에서는 편하다.

이러한 기본 인식을 가진 다음에는 점포의 주 고객층이 누구이며, 점포 활성 시간대는 어떻게 되는지 등을 파악한 후 종업원 선택에 들어가야 한다. 먼저 필요한 종업원의 인원을 정한 후 각자의 배치와 역할을 어떻게 나눌 것인지도 생각해야 한다. 점포규모가 소규모 일수록 어떤 사람을 쓰느냐에 따라 고객에 대한 서비스가 달라지고, 그 서비스의 질에 따라 매상이 달라지기 때문이다. 외모에서 풍기는 첫인상과 대화 중 느낄 수 있는 책임감 유무, 인간관계, 근무 기간 등을 체크해야 한다. 주고객층이 여성인 점포도 취급 상품에 따라 남성과 여성 종업원의 역할이 다르고 또 이 종업원의 인간관계에 의한 매출도 기대할 수 있기 때문이다. 종업원을 선택했다면 다음은 교육이다. 아무리 훌륭한 종업원이라도 제대로 교육을 시키지 않으면 안 좋은 타성에 빠져들 수도 있고, 나쁜 종업원으로부터 안 좋은 영향을 받을 수도 있다.

각종 매뉴얼, 대고객 서비스, 상품 판매, 업무개선 등 다양한 곳에 형식적인 교육이 아닌 종업원들의 공감대를 형성하는 것이 중요하다.

[활용할 만한 종업원 사기 진작 방법]

● 종업원 인센티브제

종업원 인센티브제는 강력한 마케팅 수단 중 하나다. 힘들게 일을 하더라도 매출액 전부를 주인이 가져간다면 누가 열심히 일을 하겠는가. 인센티브제는 추가 매출에 대한 종업원 능력을 인정해 수익을 분배하는 형태다. 단골을 만들고 추가매출을 올린다는 확고한 경영 마인드가 필요하다.

● 테이블 담당제

외식업에서 많이 사용하고 있는 방법이다. 처음 고객을 맞은 종업원이 그 고객의 식사를 곁에서 돕고, 후식 및 배웅까지 책임을 지며, 완벽하게 고객 서비스를 완료한 종업원에게 고객이 지불한 금액의 일정액을 인센티브로 지불하는 방법이다.

종업원은 자신의 서비스로 인해 고객의 주문이 많아지도록 유도하고 철저하게 서비스를 담당하며 자신의 단골고객으로 확보하기 위해 아낌없는 노력을 하게 된다.

● 휴가 등 복지 환경

근무환경 개선도 필요하다. 오피스가의 주5일제가 정착되면서 주말 매출이 감소했다. 이에 따라 오피스가 상권에 있는 일부 외식업종은 일요일 휴무를 실시한다. 일요일 매출 비중이 적은데 종업원 출근과 전기료 등 각종 공과금 등의 비용, 점포 경영자 역시 출근 등 부작용이 있다는 것이 점포 경영자들의 주장이다. 이들은 매주 일요일이나 공휴일 휴무로 인해 종업원의 사기 진작과 장기간 근속을 유도할 수 있다고 말한다. 월급 10만원을 더 주는 것보다 일요일 휴무가 더 효과적이라는 것이다.

매장별 효과적인 인테리어가 중요한 이유

오프라인 매장인 점포는 물건을 사고 파는 곳이자, 고객이 장시간 머무르는 장소다. 모습이 좋아야 함은 당연하다. 인테리어의 중요성이 강조되는 대목이다.

인테리어란 점포 내 레이아웃부터 시설의 분류, 판매 상품과 메뉴 등에 대한 특징과 장점을 가장 잘 표현해야 한다. 창업 시 점포임대차비용을 제외하고 가장 많은 비용을 차지하는 부분이기도 하다.

따라서 상업공간 인테리어는 단순히 구매와 소비의 행위에서 즐거움과 신선함, 세련된 공간 구성 등의 고객지향적, 만족형 변화에 중점을 둬야 한다. 상품 가치를 높일 수 있는 연출까지 만들어야 한다.

그럼 인테리어시 중요하게 생각해야 할 것은 무엇일까. 점포 창업의 경우 판매하는 아이템과 상호, 인테리어 등이 맞지 않는 경우가 종종 있다. 이럴 경우 점포 이미지를 추락시키는 악영향을 줄 수 있을 뿐만 아니라 무엇을 판매하는 점포인지 고객이 파악하기도 어렵다. 따라서 인테리어를 결정하기 전에 아이템과 점포 내에 차지하는 테이블과 집기, 소품 등을 일치시켜 컨셉을 도출해야 한다.

우선 인테리어는 앞서 이야기했듯이 비용이 많이 든다. 따라서 공사하기 전에 공사비를 잘 예측해야 한다. 나중에 추가 비용을 요청할 수도 있으니 사전에 공사업자와 보이지 않는 설치비용까지도 철저히 체크해 계약해야 한다.

또 하나 반영해야 할 것은 점포에서 판매할 상품에 대한 컨셉이다. 최근 고객의 취향은 빠르게 변하고 있다. 유행하는 소품이나 제품도 몇 개월을 버티지 못한다. 따라서 자기의 업종이 외식업인지 판매업인지, 고객층은 어떤지, 상권 특성은 어떤지 등을 파악해 빠르게 변화하는 라이프 스타일에 대처할 수 있도록 컨셉에 담아내야 한다.

일반적으로 레이아웃에서 고려해야할 요소로는 통로, 진열, 집기와 장비, 카운터 등이다. 이 경우에도 고객의 이동 동선을 충분히 고려한 배치를 해야 한다. 테이블을 더 넣어 회전율을 높이면 매출이 높아지는 것은 당연하다.

하지만, 이로 인해 고객의 이동 동선이 어렵고, 좌석이 불편하다면 올바른 레이아웃이라고 할 수 없다. 고객 역시 조만간 불만을 표시하며 재방문을 하지 않을 확률이 높다. 창업자의 욕심에 의해 모든 동선이 꼬여 효율적으로 매장운영이 안되는 현상이다.

그렇다면 들어가고 싶은 점포를 꾸미기 위해서는 어떻게 하는 것이 좋을까. 상품가격에 비해 인테리어를 너무 고급스럽게 하면 고객에게 부담스러운 이미지를 줄 수 있다. 외관에서 보이는 인식으로 비싸거나 너무 싸다는 생각에 매장 내 유입이 힘들 수 있다. 무엇을 파는 점포인지 싼지 비싼지 알 수 있도록 해야 된다.

두번째는 점포의 전면 입구가 넓은 매장이 고객 유입이 쉽다. 여기에 들어가는 라인과 나오는 라인, 직원이 서빙하는 동선과 고객이 나가는 동선 등에도 작은 변화가 필요하다.

재료 역시 청결를 유지할 수 있는데 초점을 맞춰야 한다. 청소를 해도 깨끗해지지 않는 재료를 사용해서는 안된다. 바닥재나 벽지를 선택할 때 컬러나 재질을 잘 선택하면 관리면에서 효율성이 높다.

이제 업종별 디자인 포인트를 살펴보자. 외식이나 서비스업의 경우에는 대부분 의자에 앉는 스타일인 경우가 많다. 주방의 위치에 따라 객석의 구성이 달라지므로 우선적으로 주방의 위치를 결정한 후 홀 등의 공간을 살펴야 된다.

또 고객의 동선공간을 여유있게 확보하고, 즐거움과 기능성을 고려한 레이아웃이 중요하다. 밝은 색과 경쾌한 디자인에 비중을 두어야 고객이 매장에서 편안한 마음을 들게 만든다. 과거에는 주방을 공개하는 누드형 주방 레이아웃이 많았지만, 최근에는 굳이 그럴 필요는 없다. 다만, 화장실의 위생관련 시설물을 잘 구성해야 한다. 이러한 모든 요소를 살핀 후에 제공하는 음식의 성격에 맞게 특징을 살린 구성으로 인테리어를 해야 고객의 흥미와 구매 욕구를 불러올 수 있다.

판매업의 경우에는 내장재, 칼라, 조명 등의 수단으로 차별화한 후 필수 장치 외에는 종래의 방법을 탈피해 개성 있는 공간을 창출해야 한다. 로고와 마크 등 매장 내에 이미지를 통일하는 것도 매장에 대한 고객 인식을 높일 수 있다.

인테리어와 함께 고민되는 부분은 디스플레이다. 고객으로부터 흥미를 유발시켜 판매와 연결되도록 하는 중요한 기술이다. 디스플레이에 앞서 상품이 어떤 것인지, 소비자의 연령대와 주변 여건 등을 먼저 파악해야 한다. 또 구체적이고 동적인 접근이 가능해야 감동을 주고 시선을 끌 수 있다. 계절별로 변화를 주는 것과 소품을 활용하는 것도 좋은 방법이다. 계절이 변화할 때 고객의 감성을 자극하는 변화를 주는 것은 새로운 유행을 리드해 나가는 느낌을 제공할 수 있다. 소품은 매장 내에 전체적인 이미지를 변화시키기도 한다. 센스있게 몇가지 포인트를 주는 것도 효과적이다.

다음은 마지막으로 간판에 대한 이야기다. 간판의 기능은 시선을 붙잡는 것이다. 매장 건물과 어우러지는 크기와 점포 이미지를 담은 디자인만이 제 역할을 할 수 있다. 여기에는 개성이 포함되어야 한다. 디자인이 경쟁이 되는 시대다. 튀는 디자인에 개성을 담아야 강한 인상을 줄 수 있다.
이를 위해서는 상호와 로고를 신중하게 선택해야 한다. 글씨의 모양새와 칼라에 따라 느낌이 달라진다. 또 로고나 이미지를 사용하면 시각적인 효과를 얻을 수 있다. 그 전에 앞서 점포 이미지를 파악해야 한다. 즉, 간판만 보아도 어떤 업종의 가게이며 분위기가 어떤지를 짐작할 수 있도록 모든 요소를 포함시켜 디자인해야 한다.

인테리어 전략 AIDMA 법칙

- Attention 주의 : 인테리어 자체가 주의를 불러일으켜야 한다.
- Interesting 흥미 : 인테리어를 보면서 고객이 흥미를 느껴야 한다.
- Desire 욕망 : 아웃테리어와 인테리어를 보면서 고객의 구매욕을 불러일으켜야 한다.
- Memory 기억 : 매장을 방문한 고객이 기억에 남을 수 있는 강한 인상을 주어야 한다.
- Action 행동 : 실질적인 구매 행위에 이르도록 만들어야 한다.

생존을 위협하는 경쟁점포 대응 요령!

2000년 들어 사회적으로 큰 파장을 몰고 온 것이 기업형 슈퍼마켓이다. 기업형 슈퍼마켓 이전에 대형할인마트로 인해 집주변, 일명 구멍가게 슈퍼마켓들이 큰 타격을 받았다. 장사를 잘 하고 있다가 경쟁점포로 생계에 위협을 받은 것이다.

이러한 일은 굳이 슈퍼마켓 뿐만 아니라 모든 업종에 해당된다. 장사를 잘 하고 있는데 갑자기 인근에 대형 경쟁점포가 출현해 생존을 위협하는 형국이다.

　인근에 새 경쟁점포가 생기면 자신의 고객을 빼앗기지 않기 위해 긴장을 하기 마련이다. 이럴 때 경쟁점포의 대응전략이 절실하다. 경쟁점포가 나타나게 되면 우선 철저하게 대응하지 않으면 안된다. 대책을 마련하지 않고 방치할 때는 고객을 빼앗기게 마련이다. 그렇지 않을 경우 생존이 어려워진다.

　그렇다면 경쟁은 왜 생기는가. 시장의 진입과 퇴출이 자유롭기 때문이다. 돈이 될 만하다고 판단되면 순식간에 상권이 생기고, 경쟁이 치열해진다.
　경쟁 점포는 동종 업종의 경우도 있지만, 대체가 가능한 업종도 경쟁 점포로 봐야 한다. 즉 생맥주전문점의 경쟁 점포는 같은 생맥주전문점을 비롯해 치킨전문점, 막걸리전문점 등과도 경쟁 상태라는 점이다.
　경쟁이 치열해진다면 어떻게 대응하는 것이 좋을까. 우선 경쟁 점포가 들어서지 못하도록 상권에 대한 장악력을 미리 가질 필요가 있다. 미리 회원제 관리나 서비스 등으로 상권의 소비 주체 계층의 마음을 사로잡아야 한다.
　상권마다 주소비 계층이 다르다. 젊은 여성, 주부, 어린이, 회사원 등, 그들의 소비심리와 라이프를 고려한 마케팅으로 지역 상권의 장악력을 가지고 있어야 한다. 그래도 경쟁 점포는 출현한다. 이럴 경우 기존 고객을 분할하는 상태가 발생한다. 수익이 떨어지게 되고 자금 여유가 없거나 사업의지가 부족한 경쟁점은 결국 시장에서 탈락할 것이다.

문제는 한번 떨어진 매출이며 경쟁 점포가 존재하는 한 다시 회복하기가 굉장히 어렵다. 따라서 경쟁 점포 출현시 경쟁 점포의 장단점을 파악하고 어떻게 경쟁을 할 것인지를 결정해야 한다.

마케팅적으로는 핵심 상품을 소개하는 전단 홍보지를 지속적으로 배포, 홍보하거나 경쟁 점포의 단점을 활용한 마케팅을 펼쳐야 한다. 종업원 교육도 강화해 서비스에 대해서도 차별화가 필요하다. 경쟁 점포가 취하지 않는 영업방안을 개발하고 독자적인 상품을 발굴하는 것도 좋은 방법이다.

경쟁점의 크기 여하에 따라 대응책도 조금씩 다르다. 자신의 점포보다 대형점일 경우에는 내 점포의 강점 메뉴를 강화하는 마케팅이 필요하다. 경쟁 점포가 매장이 크고 상품력에서 우수하기 때문에 전문성을 강조하라는 것이다. 또 자신의 매장이 클 경우에는 고객과의 1:1 서비스가 약할 수 있다. 이 점을 파고 들어 친근한 서비스를 강조해야 한다.

경쟁 점포가 적을 경우에는 상품의 다양성을 강조할 필요가 있다. 다양하고 우수한 상품이 그만큼 많다는 점을 부각시키는 것이 좋다. 이를 위해서는 미끼 상품 마케팅 전략도 좋다. 주소 비층이 좋아할 만한 미끼 상품을 저렴한 가격에 공급하면서 점포에 대한 친근한 이미지를 부각시켜야 한다.

그런데 점포도 비슷한 크기고 가격도 비슷할 경우에는 어떻게 대응하는 것이 좋을까. 점포가 위치한 입지를 기반으로 그동안 시장에서의 경험과 노하우로 상권 내 고객들이 정말로 필요로 하는 것이 무엇인지를 다시 한번 점검하고 상품 구색을 고민해야 한다. 상권 특성에 맞는 장점 상품을 부각시키는 것도 기존 고객 이탈을 막는 좋은 전략이다.

경쟁 점포가 들어설 경우 가장 큰 고민은 가격 경쟁력이다. 따라서 유통 능력이 얼마큼 존재하느냐도 중요하다. 경쟁 점포에 비해 상품 구매에 우위를 점하고 있다면 그만큼 경쟁에 앞서 있다고 할 수 있다.

기업형 대형 슈퍼마켓이 주택가 등에 들어설 때 일반 슈퍼가 위기감을 느낀 부분이 바로 가격 경쟁력과 다양성이다. 최근에는 프랜차이즈 가맹점이 대거 등장했다. 점포들 중 40% 이상이 가맹점일 정도다. 프랜차이즈 장점 중 하나가 유통이다. 가맹 본사의 경우 특정 상권에서 브랜드 인지도를 위해 전략적으로 지원하는 경우가 있다. 이럴 경우 파격적인 가격과 마케팅 전략이 사용된다. 해당 상권에 있는 독립 경쟁 업종 점포나 유통이 약한 점포의 경우 운영에 어려움을 겪게 되는 것은 당연지사다.

경쟁 점포와의 거리는 얼마가 좋을까. 500m를 벗어나 있다면 그나마 경쟁 상태에서 조금은 벗어나 있다고 생각하면 된다. 500m 이내라면 점포의 생사를 걸어야 하는 경쟁 점포다.

통상 500m라면 도보로 빠르면 5분 서행으로 10여분 정도 소요된다. 주택가나 오피스가의 경우 도보로 5분이나 10분 이상 소요되는 거리는 일반적으로 외면하는 경우가 많다. 점포까지 가는데 소요되는 시간과 육체적 부담 등이 요인이다. 특히 주택가의 생활밀착형 아이템의 경우에는 이 점을 고려해 점포를 선정해야 한다. 경쟁 점포의 기준도 알아야 한다. 즉 어떤 아이템이 나와 경쟁 관계에 있는지를 분명히 파악해야 대처가 가능하다.

일반적으로 편의점이나 슈퍼, 제과점 등은 경쟁관계다. 인테리어나 주력 상품에 약간의 차이가 있지만, 취급하는 상품과 가격대가 비슷하다. 생맥주전문점과 치킨전문점도 경쟁 상태다. 반면 의류전문점과 구두전문점, 식당과 커피전문점 등은 상호 보완 업종이다. 병원과 약국의 관계와 비슷하다. 식당을 운영하고 있는데 옆에 커피전문점이 들어설 경우에는 커피전문점과의 공동 마케팅으로 식사를 한 고객에 한해 커피 1+1 이벤트 등을 진행할 수 있다. 상호 보완이 가능할 뿐만 아니라 동종 업종과의 경쟁력에서도 앞서 나갈 수 있는 기회이기도 하다.

세상에서 경쟁을 피할 수는 없다. 그렇다고 경쟁이 무서워 경쟁 업종이 없는 상권만 찾는 것도 불가능하다. 경쟁을 이겨낼 수 있는 나만의 전략을 갖춰야 한다. 이를 위해 내 점포가 있는 상권의 소비 패턴을 먼저 이해하고 변화에 민감해야 한다. 그 다음으로는 주변의 업종들이 어떤 변화를 하고 있는지 촉각을 곤두세워야 경쟁 점포의 출현을 사전에 감지할 수 있다. 경쟁 점포가 출현하면 마케팅은 더욱 힘들어진다. 사전에 힘들게 만들어 업종을 바꾸거나 다른 상권으로 이동하도록 만드는 것이 좋다. 그래도 경쟁 점포가 출현했다면 나만의 전략 보다는 인근 점포들과의 공동 마케팅으로 이겨내는 것이 이롭다. 따라서 기준에 운영하면서 타 점포와 상생하는 전략을 펼쳐 인심을 얻어야 한다.

청소만 잘해도 매출이 오른다!

아이스크림 매장이 있다. 매장 안에는 당연히 여러 종류의 아이스크림을 보관하는 쇼케이스 냉장고가 있다.

자 이제 내가 고객이라고 생각하자. 매장 문을 열고 들어가 주문을 한다. 어떤 아이스크림을 먹을지 골라달라는 종업원의 말에 쇼케이스를 바라본다. 그런데 눈에 딱 들어오는 것은 지저분함이다. 쇼케이스 여기저기 보이는 얼룩과 먼지는 아이스크림 자체가 불결해 보일 정도다. 주문을 하면서도 마음이 개운치 않다. 나는 이 매장을 다시 또 올까?

사랑하는 여자 친구와 간단한 술과 저녁을 즐길 마음으로 퓨전주점에 들어갔다. 인테리어도 괜찮고 맛도 좋았다. 여자 친구도 기분이 좋고 덩달아 나도 기분이 좋다. 그러던 중 여자 친구가 화장실에 다녀왔다. 오면서 표정이 달라진다. 궁금해 물었다.

"화장실이 남자와 여자가 구분되어 있지 않아. 내 앞에 남자가 사용하고 나오더라고. 가뜩이나 불결한데. 비누도 없고 손을

닦을 휴지도 안보이고. 다음부터 오지 말자" 한방이다. 모든 것이 좋았는데, 화장실이 고객을 쫓아내는 꼴이다.

주위에서 이같은 광경을 종종 본다. 최근의 창업자들은 청결에 대해 남다른 관심을 기울인다. 외식업의 경우에는 독립창업자라도 종업원들의 유니폼을 맞추고, 주방의 경우에는 더욱 복장과 청결에 신경을 쓴다. 판매업이나 서비스업도 마찬가지다. 매장 입구가 지저분하다면 고객의 방문은 망설여진다. 고객의 첫 인상을 잡을 수 있는 요소는 인테리어이지만 거기에 더욱 빛을 발하는 것은 청결 정도다.

어느 프랜차이즈 사장의 말이다. 우리 브랜드 가맹점주 중에 매일 아침 매장 쇼윈도우를 비롯해 거울과 유리를 직접 닦는 사장님이 있다. 이 분은 바닥도 직접 걸레를 이용해 손으로 닦는다. 매장 오픈 시간 전에 청소를 하고 중간에 또 한다. 하루에 두 번 청소다.

종업원들도 처음에는 이상하게 생각했지만, 청결이 고객을 위해 당연히 매장에서 해야 할 일이라는 사장의 영향으로 청결이 우선이 됐다. 이 매장은 언제 어느 때 방문하더라도 항상 빛이 난다. 오픈한지 벌써 몇 년이 흘렀지만, 사장님은 변함이 없다. 당연히 매장 운영은 좋다. 매출도 상위권이다. 정말 존경스럽다. 이런 사장님이야말로 창업 성공을 논할 자격이 있다.

Tip 이런 아이템 어때요 - 셀프형 맥주 할인매장

맥주바켓 www.beerbarket.co.kr은 다양한 세계 각국의 맥주를 보다 저렴한 가격으로 즐길 수 있는 신개념 셀프형 할인 매장이다. Bar Market의 합성으로 이루어진 신조어 BARKET은 마켓에서 쇼핑을 하듯 자유로운 분위기 속에서 맥주를 골라 먹을 수 있는 바를 의미하며, 편안하고 자유롭게 즐기길 원하는 20~30대가 주 고객층이다.

세계맥주전문점으로 유명한 와바가 론칭했다. 제25회 프랜차이즈산업 박람회를 통해 본격적으로 소개되면서 많은 예비 창업자들의 눈길을 끌었다. 고대 안암역점, 신촌점, 경희대점 등 대학상권을 중심으로 빠르게 매장이 확산되고 있다. 이효복 ㈜인토외식산업 대표는 "그동안 오피스 상권을 중심으로 인기를 얻었던 '와바'와 현재 대학가, 젊은 상권에서 힘을 얻고 있는 '맥주바켓'이 서로 원윈할 수 있을 것"이라고 내다보고 있다.

혼자 할 수 없다면 프랜차이즈 본사를 이용하라

돈까스전문점 생생돈까스 www.freshdon.com 는 올해부터 '돈까스 아카데미'를 운영중이다. 돈까스전문점이나 간단한 퓨전 일식점을 생각한 창업자

외식프랜차이즈의 경우 본사에서 자체 교육을 실시하는 등 예비 창업자를 위한 다양한 프로그램들이 마련되어 있다. 돈까스전문점 생생돈까스는 올해부터 돈까스전문점이나 퓨전일식점을 생각하는 창업자를 위한 '돈까스 아카데미'를 운영 중이다.

에게 도움이 되는 교육 프로그램이다. 일식 돈까스와 경영식돈까스를 비롯해 일식우동, 샐러드 드레싱과 버섯크림스프 등의 조리교육과 함께 육류손질법 및 소스제조법 등을 동시에 교육한다.

 단순히 조리만 가르치는 것이 아니라 창업에 실질적으로 반영될 수 있는 주방설비, 집기구매 노하우, 주방 동선 효율적으로 구성하는 이론 교육 등도 병행해 가르치고 있다. 최대 4명까지만 교육한다. 소수정예 운영방식으로 교육의 질이 높다는 평가를 받고 있다.
 대상은 소자본 창업자나 예비창업자, 업종전환자 등이다. 수료 이후에는 메뉴 레시피 및 이론교재와 조리용 앞치마도 제공된다. 물론 소정의 강의비용이 있다.

젤라또 아이스크림&커피전문점 '카페 띠아모' www.ti-amo.co.kr 는 신규 창업자와 기존 가맹점주의 재정적 부담을 덜어 주고자 신한은행과 함께 맞춤금융상품인 '신한 프랜차이즈론' 서비스를 실시중이다.

프랜차이즈론 서비스는 '카페 띠아모' 신규 창업자들에게 임차보증금과 인테리어 비용을, 기존 가맹 점주들에는 운영자금을 무담보로 최대 1억원까지 지원해주는 특화 대출상품이다. 대출 한도는 신규 가맹점의 경우 인테리어 비용과 임차 보증금을 기준으로, 기존 가맹점은 최근 3개월간 매출액 또는 1년 매출액의 1/4을 기준으로 정해지고 최대 1억원까지 대출이 가능하다. 대출 금리는 차주 신용별로 6~8%대로 차등 금리가 적용된다.

이외에도 매출액의 최고 0.5%를 적립해주는 '신한 오너십 카드'와 각종 전자 금융수수료 면제 등의 혜택이 있는 '신한 My Shop 가맹점 통장' 등을 통한 폭넓은 혜택과 차별화된 서비스도 제공한다.

창업은 장사다. 이익을 내야 한다. 하지만 막상 창업을 생각하면 무엇부터 해야할지 막막한 것도 사실이다. 이럴 때 프랜차이즈 가맹본사들의 세부 사항을 살펴 이용하는 것도 좋다.

위의 사례는 외식업에서 중요한 요리에 대한 교육이다. 돈까스 아카데미는 창업을 전제로 교육을 받는 것이 아니다. 때문에 독립창업자 중 돈까스전문점으로 업종전환을 하고 독립창업으로 남는 사람에게도 도움이 된다.

띠아모의 경우는 자금이다. 해당 브랜드 창업을 하고 싶은데 자금이 부족한 경우 이용하면 좋다.

일본식 선술집을 오픈한 김모 씨도 가맹본사의 도움으로 창업한 사례다. 그녀가 생각한 창업비용은 1억 5천만 원 정도다. 일본식 선술집으로 적당한 입지와 점포를 살핀 결과 예상창업비용은 2억 원 정도. 5천만 원이 부족했다. 가맹본사에서 무이자 5천만 원을 이야기하면서 계약기간을 5년으로 하자는 이야기가 나왔다. 그녀로서는 뜻밖의 제안이었다. 심사숙고한 결과 동의하고 매장을 오픈했다. 그녀가 창업한지는 벌써 8년이 넘었다. 그동안 모든 빚도 청산하고 새로운 입지에서 새로운 아이템으로 여전히 장사에 몰두해 있다.

창업에서 고민되는 부분은 기술과 자금이다. 요리에 대한 두려움과 부족한 자금으로 인한 고민이 창업을 망설이게 한다. 이럴 경우 혼자 고민하지 말고 프랜차이즈 가맹본사를 두드려 보는 것이 좋다. 물론 가맹본사를 두드리기 전에 반드시 올바른 가맹본사인지를 살펴보는 것은 두말할 필요 없다. 뜻하지 않은 곳에서 좋은 창업기회를 잡는 행운이 생길 수도 있다.

시크릿 창업 *6*

{ **창업세무** 기초지식 }

사업자 등록과 부가가치세 신고요령

예비창업자 A씨는 자기 사업을 해야겠다는 꿈을 갖고 얼마 전 직장을 그만뒀다. 하지만 10년 이상 직장생활만 해온 A씨는 사업 인허가, 세금문제가 어렵게만 느껴진다. 어디서부터 시작해야 할 지 막막하다. 그러던 중 국세청에서 음식점이나 도·소매업을 처음 창업하는 사람들에게 무료로 멘토링 서비스를 제공한다는 정보를 얻었다. 창업 전 거쳐야하는 인허가, 사업자등록 과정부터 사업 중 세금을 어떻게 내야 하는 지까지 알려준다. 그래도 기초 지식은 있어야 이해하기 쉽다. 이제 본격적인 사업을 시작하기 위해 어떤 행정 절차를 거쳐야하는지 알아보자.

사업자등록 이해하기

사업자 등록을 두려워할 필요는 없다. 신고만 하면 사업자 등록을 할 수 있다. 허가를 받지 않아도 된다. 외식업의 사업자 등록은 위생교육 -> 영업신고 -> 사업자등록의 순서로 진행된다는 것만 이해하면 쉽다. 위생교육을 받아야 영업신고를 할 수 있고, 영업신고를 해야 사업자 등록을 할 수 있기 때문이다. 사업자등록은 세무서에서 하면 된다. 구비서류를 갖춰 사업장이 있는 곳의 관할세무서 민원봉사실에 신청하면 된다.

위생교육

우선 위생교육은 식품위생법 제41조제2항에 따라 음식점을 창업하려면 반드시 위생교육필증을 받아야 한다. 위생교육은 휴게음식점 위생교육과 일반 음식점 위생교육으로 나뉜다.

일반음식점 위생교육은 한국음식업중앙회에서 담당한다. 홈페이지 www.ekra.or.kr에 들어가면 전국의 교육원과 일정을 볼 수 있다. 교육은 아침 9시부터 오후4시까지 6시간동안 진행된다. 교육이 매일 있는 것은 아니기 때문에 일정을 확인하고 신청하면 된다. 자신이 거주하는 지역의 교육원의 일정과 스케줄이 맞지 않으면 다른 지역에 가서 받아도 상관없다는 것도 알아두면 좋다. 서울의 경우 일주일에 3번씩 교육이 있지만 지방은 그렇지 않다. 교육비는 2만 원이며 반명함판 사진 한 장과 신분증을 지참해야 한다.

휴게음식점 위생교육은 한국휴게실업중앙회 02-425-6126~8에서 받아야 한다. 휴게음식점은 일반음식점처럼 교육이 많지 않기 때문에 전화로 날짜를 확인하고 신청해야 한다. 홈페이지는 없다.

휴게음식점과 일반음식점의 사업자등록 절차는 위생교육 기관만 빼면 같다. 음식점 창업자가 위생과 관련돼 지참해야 할 서류는 위생교육필증 뿐만 아니라 보건증도 받아야 한다. 보건증은 관할 보건소에서 간단한 몇 가지 검사 후 약

1주일 후에 발급해준다.

일반음식점과 휴게음식점 비교

구분	일반음식점	휴게음식점
정의	주로 다류, 아이스크림류 등을 조리·판매하거나 패스트푸드점, 분식점 형태로 음식류를 조리·판매하는 영업. 단, 편의점·슈퍼마켓·휴게소·기타 음식류를 판매하는 장소에서 컵라면, 1회용 다류, 기타 음식류에 뜨거운 물을 부어주는 경우는 제외한다.	음식류를 조리·판매하는 영업으로 식사와 함께 부수적으로 음주 행위가 허용된다.
주류판매 가능 여부	주류판매 가능	주류판매 불가능
대표 아이템	커피숍, 제과점, 떡집, 아이스크림 전문점 등	식사 메뉴와 함께 주류를 판매하는 일반적인 음식점
위생교육기관	한국음식업중앙회	한국휴게실업중앙회
공통점	전 직원 보건증 구비, 사업자등록 절차	

영업신고

위생교육필증을 받았으면 영업신고를 할 차례다. 위생교육을 먼저 받아야 하는 이유는 위생교육필증이 있어야 영업신고를 할 수 있기 때문이다. 영업신고는 사업장 관할 구청 위생과에서 담당한다. 영업신고 신청서, 임대차계약서 사본, 위생교육필증, 가스안전검사필증 등을 갖추고 영업신고 신청서를 작성해서 제출하면 된다. 영업신고 역시 허가를 받아야하지 않아도 되기 때문에 구비서류만 완벽하다면 바로 영업신고증을 발급해준다. 경우에 따라 소방필증, 정화조 용량확보 등 추가서류가 필요할 수도 있다. 앞에서 알아본 위생교육필증 외에 영업신고에 필요한 서류를 알아보자.

우선 가스안전검사필증은 도시가스를 사용한다면 상관없지만 액화석유가스LPG를 사용하는 경우에는 액화석유가스 사용시설 완성검사필증을 받아야 한다. 소방필증은 지하에 위치한 매장의 바닥면적의 합계가 66㎡ 이상일 경우 소방서 방호과에 문의하면 발급받을 수 있다. 정화조 용량은 건축물대장에서 확인할 수 있다. 정화조 용량이 부족할 경우에는 다시 공사를 하는 것이 정석이지만 비용과 시간 등이 많이 들기 때문에 권장하지는 않는다. 구청 청소과에 의뢰해, 1년에 2번 이상 정화조 청소를 실시하겠다는 확인서를 받으면 굳이 공사를 하지 않아도 된다. 주류를 판매할 경우 주류판매업 신고를 해야 하고 지하수를 사용할 때는 관할 시청 재난관리과에서 수질검사성적서를 받아야 한다.

사업자등록

드디어 사업자 등록을 할 수 있게 됐다. 임대차계약서 사본, 영업신고증, 인감도장, 신분증을 지참하고 관할세무서 민원봉사실에 접주하면 5일안에 발급해준다. 주의할 점은 사업자등록은 사업을 개시하고 20일 이내에 해야한다는 것이다. 20일이 지나서 사업자등록을 하게되면 부가가치세를 환급받을 때 문제가 생길 수 있고 가산세도 물게 되니 주의해야 한다. 특히 사업자 등록을 할 때 일반과세자인지 간이과세자인지 구분해서 신고해야 한다. 부가세 관련 내용은 다음에서 자세히 다룬다.

음식점이 아닐 경우 업종에 따라 구비해야하는 서류도 다르므로 주의해야 한다. 편의점의 경우 주류의 재판매 면허와 쓰레기 종량제 봉투 판매신청과 더불어 담배를 판매할 시에는 시,군,구 등의 담당부서을 통해 담배소매인 지정을 받아야 한다. 또한 휴게음식점 영업허가, 현금인출기, 밀폐양옥 판매허가 등 다양하다. 그외에 우표류를 판매할 때에는 우표류 판매허가를, 건강식품을 판매할 때에는 건강기능식품법에 의해 시, 군, 구의 관련 부서에 신고를 해야 한다.

인터넷 PC방, 오락실 등은 학교보건법에 의한 학교환경위생정화구역에 해당하는지 따져보는 것이 가장 중요하다. 특히 학교정화구역내에서는 영업이 불가능하다는 것을 알고 있어야 한다. 학교나 학교 설립 예정지로부터 200m까지는 '학교환경위생 정화구역' 으로 설정, 점포 개점에 제한을 두고 있기 때문이다. 그밖에 음반, 비디오물 및 게임물에 관한 법률에 의해 시, 군, 구에 등록도 해야 한다.

부가가치세 제대로 알기

창업을 하면 직장생활을 할 때 보다 내야하는 세금이 한가지 더 는다. 바로 부가가치세(부가세)다. 대형규모의 음식점에서 VAT별도라고 해서 음식값의 10%를 더 받는 곳이 있다. 부가세를 따로 받는 것이다. 부가세를 별도로 받기 힘들다면 음식가격을 정할 때 처음부터 10%를 가산해서 책정해야 세금을 낼 때 부담이 줄어든다. 부가세는 1년에 두 번 신고해야 한다. 1월~6월 매출과 7월~12월 매출에 대해서 각각 7월25일과 다음해 1월25까지 세무서에 신고하면 된다. 단, 1월~3월 사이에 개업한 경우는 4월25일까지 부가세 신고를 해야 하며, 7월~9월에 개업한 경우는 10월25일까지 신고해야 한다.

하지만 모든 창업자들이 부담해야하는 부가세율이 같은 것은 아니다. 간이과세자냐 일반과세자냐에 따라 달라진다. 간이과세자는 1년 매출이 4,800만 원 이하일 때 적용되며, 그 이상이면 일반과세자에 속한다. 또한 업종이나 영업지역에 따라 간이과세자로 등록할 수 없는 경우도 있으니 유의해야 한다.

창업이 처음이라 어떻게 등록해야할지 모를때는 임의로 선택할 수 있다. 1년 이후 매출실적에 따라 과세방법은 변경할 수 있다. 이해가 잘 되지 않을 때는 세무서에 문의하면 자세하게 안내해준다.

일반과세자의 부가세 계산법

> 일반과세자 부가가치세 = 매출액의 10% − 매입액의 10%

일반과세자는 공급가액의 10%를 매출세액으로 하며, 세금

계산서를 의무적으로 발행해야 한다. 부가세를 계산할 때는 크게 매출액과 매입액을 나눠서 알아야 한다. 쉽게 말해 번 돈과 나간 돈을 정리해야 한다는 것이다. 매출액 계산은 쉽다. 얼마를 팔았는지만 알면 된다. 카드매출, 현금영수증매출, 순현금매출을 합하면 된다. 매출총액의 10%에 해당하는 부분이 매출세액이다. 중요한 것은 매입액이다. 매입에 대한 자료를 얼마나 챙겼느냐에 따라서 부가세가 달라지기 때문이다. 매입액은 기본적으로 식재료비, 임대료, 공과금, 전기·수도·가스·전화요금이 있다. 돈을 쓸 때는 반드시 개인명의가 아닌 사업자 명의로 납부를 하고 지출증빙 영수증을 챙겨야 한다. 그래야 매입으로 인정받을 수 있다.

예를 들어 매출액이 5,500만 원, 매입액이 3,000만 원 이라고 치자. 이때 매출신고액의 10%는 500만 원이 된다. 또 매입으로 인정받을 수 있는 영수증을 챙긴 항목을 합한 매입액의 10%는 300만 원이다. 그러면 내야하는 부가가치세는 200만 원이 되는 것이다.

간단히 정리하면 부가가치세는 총 매출액으로 계산하는 것이 아니라 순수익에서 계산하는 것이기 때문에 순수익을 증명하기 위한 영수증을 빠뜨리지 않고 챙기는 것이 절세를 하는 방법이라는 얘기다.

간이과세자의 부가가치세 계산법

간이과세자의 부가가치세 계산법은 다음과 같다.

> 납부세액 = 매출세액(매출액×10%×부가가치율) −
> 매입세액(매입액×10%×부가가치율)

간이과세자는 연간 매출액이 4,800만 원을 넘지 않는 사업자가 해당된다. 부가가치세 납부할 때 일반과세자와 간이과세자는 계산법부터 다르다. 또한 일반과세자는 환급을 받을 수 있지만 간이과세자는 환급을 받지 못한다. 대신 간이과세자는 부가가치세가 적게 나오기 때문에 상황에 따라서는 유리한 경우도 있다. 간이과세자는 부가가치세를 포함하지 않는 금액을 물건값으로 받지만 일반과세자는 부가가치세를 포함한 금액을 물건값으로 받고 손님에게 받아놓은 부가가치세를 세무서에 납부하는 방식이다.

위 표에서 보면 부가가치율이 있다. 부가가치율은 업종마다 다른데 음식점의 경우 30%로 정하고 있다. 예를 들어 매출액이 2,000만 원, 매입액이 1500만 원이라고 치자. 매출세액은 2,000만 원×10%×부가가치율30%로 계산하면 60만원이 된다. 매입세액은 1,500만 원×10%×부가가치율30%로 계산해서 45만원이 된다. 따라서 이 경우 간이과세자가 내야하는 부가가치세는 15만 원이다.

때문에 간이과세자 역시 일반과세자와 마찬가지로 매입영수증을 꼼꼼히 챙겨야 한다. 번거롭다면 국세청 홈텍스에 가입하고 사업자용 현금영수증과 신용카드를 등록하면 자동으로 매입내역이 등록이 되기 때문에 쉽게 신고를 할 수 있다. 하지만 간이사업자의 경우 신고해야하는 6개월간의 매출액이 1,200만 원 이하면 부가가치세를 내지 않아도 된다. 국가에서 영세사업자를 보호하기위한 차원에서 이같은 법안을 마련한 것이다. 신고는 해야하되 부가세 납부 의무는 면제해주고 있다.

일반과세자와 간이과세자 비교

구분	일반과세자	간이과세자
적용대상	법인을 포함한 모든 사업자	1년간 매출액이 4,800만 원 이하인 개인사업자 (단, 광업, 제조업, 도매업, 부동산임대 또는 매매업, 특정한 장소에서의 유흥업 등은 배제함)
납부세액	매출세액-매입세액	(매출세액-매입세액)×부가가치율
세금계산서 발급 의무	원칙적으로 세금계산서 교부	영수증만 교부함
납부의무 면제	없음	신고기간 매출액이 1,200만 원 이하일 경우 면제
예정신고	법인의 경우 예정신고를 해야하지만 개인의 경우 예정고지에 의해 징수해야 함	예정신고 또는 예정고지 없이 확정신고만 하면 됨
포기제도	없음	간이과세자를 포기하고 일반과세자로 전환할 수 있음

부가가치세율	없음	소매업 15%, 제조업, 전기가스및수도, 재생재료수집판매 20%, 건설, 부동산임대, 농수임어업, 기타서비스, 음식, 숙박 30%, 운수, 창고및통신업 40%으로 적용
신용카드발행 세액공제	총 발행금액의 1.3%(법인은 제외되며 연간 700만 원 한도)	한도와 공제율은 같고 음식이나 숙박업의 경우 2.6% 공제됨
의제매입세액공제	면세 농축산물 매입액 2/102 적용 (법인음식점의 경우 6/106, 개인음식점의 경우 8/108, 유흥주점 등은 4/104 적용)	면세 농축산물 매입액의 8/108 (음식점만 해당)
가산세	세금계산서 관련 가산세 있으며 미등록 또는 허위등록 가산세 1%	미등록 또는 허위등록 가산세 0.5%

처음에 일반과세자 또는 간이과세자로 등록했다고 해서 계속 적용되는 것은 아니다. 사업자등록을 한 년도의 부가가치세 신고실적을 1년으로 환산한 금액을 기준으로 과세유형을 다시 정할 수 있다. 이때 간이과세자는 일반과세자로 전환할 수 있지만 일반과세자는 간이과세자로 전환할 수 없다. 간이과세를 포기하면 3년간은 다시 간이과세를 적용받을 수 없으므로 충분히 검토한 후 결정하는 것이 좋다.

일반과세자나 간이과세자 모두 부가세를 줄이기 위해서는 공제받을 수 있는 내역을 알아야 한다. 세금계산서나 신용카드 매출전표등 수취세액공제, 의제매입세액공제, 성실신고사업자 세액공제, 전자신고 세액공제, 신용카드 매출전표등 발생세액공제 등이 해당된다. 이것은 뒤 절세요령에서 자세히 알아보기로 하자.

근로계약서 작성시 주의할 점

근로계약서는 1인 창업을 하지 않는 이상 반드시 준비해야 하는 부분이다. 아르바이트생이나 직원을 고용할 때 근로기준법을 지켜야 분쟁을 예방할 수 있다. 근로기준법상 노동관련 문제에 대한 입증책임은 사업주에게 있기 때문에 창업자가 스스로 지켜야 한다. 또한 고용기간 중 근태에 따른 책임을 물을 수 있는 근거가 되기 때문에 서비스의 품질을 높이는데도 크게 기여를 한다.

특히 미성년자를 고용할 경우에는 모든 근로조건을 서면으로 명시하고 이유를 불문하고 반드시 근로계약서를 교부해야 한다.

근로계약서는 표준약관은 없지만 반드시 들어가야 하는 사항이 있기 때문에 이 사항들을 토대로 창업자가 자유롭게 근로계약서 양식을 만들 수 있다.

> **근로계약서에 반드시 명시해야하는 사항 7가지**
>
> 1. 인적사항
> 2. 임금 계산과 지급 방법
> 3. 근로시간
> 4. 업무내용과 장소
> 5. 복무규율
> 6. 근로계약기간
> 7. 특약사항

1. 인적사항

인적사항에는 주민등록번호와 주소, 성명 등을 정확하게 기재해야 한다. 미성년자일 경우에는 부모님의 동의서를 함께 받아놓는 것도 좋다. 또한 인적사항에 기재한 사항이 사실인지 여부도 확인해야한다. 신원이 확실해야 믿고 일을 맡길 수 있기 때문에 매장의 원활한 운영에 중요한 부분으로 작용할 수 있다.

2. 임금

임금의 구성항목, 계산방법과 지급방법, 유·무급 휴가 구분방법 등이 여기에 해당된다. 시간제 아르바이트 생을 고용할 경우 시간당 급여와 지급날짜, 초과근무, 지각이나 무단결근 등에 따른 가감액의 계산 방법도 상세히 명시해야 한다. 이를 위해서는 근태기록부를 작성해, 결산의 근거가 될 수 있도록 하면 좋다. 시급은 최저급여를 정해야 하며, 지급날짜는 통상 30일의 근무기간이 지나고 난 후 1주일 이내에 지급한다.

3. 근로시간

근로시간은 법이 정한 시간을 넘기지 말아야 한다. 1일 8시간, 1주 40시간이 최대 노동시간이다. 그리고 이때 휴일에 대한 내용도 명시해야 한다. 몇시부터 몇시까지 근무를 해야한다는 내용을 명확히 해야한다. 서면으로 명시해야 종업원 역시 중요성을 깨닫고 성실히 업무에 임할 것이다.

4. 업무내용과 장소

업무내용에는 근무 순서나 손님 응대 방법, 장소에는 주방이나 홀 등 어떤 포지션에서 일을 하는지 적으면 된다. 또한 매장내에서 하지 말아야 할 내용과 특정 상황에서 대처해야 하는 방법을 포함시켜야 한다. 예를들면 만석일 경우에 손님에게 응대하는 방법 등이다. 프랜차이즈라면 서비스 매뉴얼을 본사에서 제공하지만 개인 창업자의 경우 스스로 규범을 정해야 한다. 업무에 관한 내용은 종업원이 직접 고객을 대하는 부분으로 매출에 영향을 미칠 수 있기 때문에 본격적인 업무에 투입되기 전에 철저하게 교육을 시키는 것이 좋다. 종업원의 실수로 고객을 잃는 일이 생기지 않도록 하는 일도 창업자의 임무 중 하나다. 서비스 품질은 최근 소비자들이 가장 중요시 여기는 부분이므로 간과해서는 절대 안 된다.

5. 복무규율

복장은 유니폼이 있으면 유니폼 착용을 원칙으로 하고 그렇지 않으면 일정 기준을 두고 그에 준하는 복장을 착용하도록 해야 한다. 복장이 불량할 경우에는 벌점을 줄 수도 있다. 벌점이 가산되면 벌칙이나 임금삭감 등도 고려할 수 있는 부분이다. 근로자는 곧 가게의 얼굴이기 때문에 근무내용과 어울리지 않는 복장으로 일을 할 경우 손님들이 가게 자체의 이미지를 좋지 않게 인식할 수 있기 때문이다.

6. 근로계약기간

일반적으로 음식점, PC방, 편의점 등에서 근무하는 직원은 단기간 아르바이트일 경우가 많다. 때문에 근로기간을 보장해준다는 내용과 함께 최소 근로기간을 정해놓는 것이 좋다. 만약 최소근로기간 중 그만둘 경우에는 2주일 전에는 통보해야 한다는 내용도 함께 명시해야 한다. 후임자를 새로 구할 시간과 인수인계까지 마무리 한 다음에 그만두어야 영업에 차질이 없기 때문이다.

7. 특약사항

특약사항에는 매장 특수성을 고려해 창업자의 재량대로 항목을 정하는 것이 좋다. 예를 들면 시급제의 경우 근무시간은 30분 단위로 계산하겠다는 내용이나 집기나 기물을 파손했을 때, 손님에게 해를 입혔을 때 손해배상은 어떻게 이뤄진다는 내용 등이 있을 수 있다. 이 특약사항 항목은 근로자와 창업자가 상호 협의하여 적는 것으로 하면 된다.

아르바이트 근로 계약서 샘플

○○식당 ○○○(이하 "갑"이라 칭한다)와 아르바이트생 ○○○(이하 "을"이라 칭한다)는 상호간에

다음과 같이 아르바이트 계약을 체결한다.

제 1 조【 근무장소 및 시간 】
1) "을"은 ○○시 ○○구 ○○동 ○○번지에 소재한 "갑"의 영업장에 매일 오후 ○○:○○부터 오후 ○○:○○시까지 아르바이트 근무를 제공한다.
2) 근무일은 월요일부터 토요일까지 매일 하며 일요일은 휴무로 한다.

제 2 조【 계약기간 】
1) 본 계약은 계약서 작성일로부터 ○○년간으로 한다.
2) 아르바이트를 그만둘 시에는 ○○일 이전에 "갑"에게 통지하여 후임자를 뽑을 수 있도록 하여야 한다.

제 3 조【 급여 】
1) 급여는 시급으로 계산하며 시간당 일금○,○○○원정으로 산정하여 매월 말일 정산하여 익월 ○○일에 "을"의 계좌로 현금입금 한다.
2) 지각이 ○○분을 초과할 시에는 1시간의 임금을 공제하며 ○○분 이상 지각회수가 1개월 ○회 이상이 될 시에는 1일치 급여를 공제한다. 이러한 경우 "갑"은 근로의 종료를 취할 수 있다.

제 4 조【 근무순서 】
1) "을"은 출근과 동시에 음식점 정복으로 갈아입고 홀 및 주방의 청소 업무를 시행한다.
   청소는 퇴근 시에도 동일하다.
2) 청소는 OO분 내로 종결하며 곧바로 서비스 업무를 담당한다.

제 5 조【 근무수칙 】
1) "을"은 손님에 대하여 언제나 친절하게 하여 손님의 불만이 발생하지 않도록 한다.
2) 수표를 결제로 제시받은 경우 반드시 위조여부를 사전에 확인하고 고객의 연락처 등의 기재유무를 확인 후 결제를 행한다.
3) 음식점 주인의 업무지시에 성실히 응하여야 한다.

제 6 조【 지급품 관리 】
1) "을"은 지급된 물품에 대한 보관 관리에 만전을 기하며 훼손, 분실 등이 발생하지 않도록 한다.
2) "을"은 카드 결제기, 주방용품 등의 업무관련 물품의 고장 또는 훼손의 발생 시 즉각 주인에게 이를 고지하고 관련 조치를 취하여야 한다.

제 7 조【 특약사항 】
상기 계약일반사항 이외에 "갑"과 "을"은 아래 내용을 특약사항으로 정하며, 특약사항이 본문과 상충되는 경우에는 특약사항이 우선 적용된다.

　〉특약사항 1.

　〉특약사항 2.

위와 같이 본 계약이 유효하게 성립하였음을 각 당사자는 증명하면서 본 계약서 2통을 작성하여, 각각 서명(또는 기명)날인 후 "갑"과 "을"이 각각 1통씩을 보관한다.

20   년   월   일

"갑"

상호 :

대표이사 :　　　　(인)

주소 :

"을"

주민번호 :

성명 :　　　　(인)

주소 :

사업계획서, 제대로 써야 손익분기 맞춘다!

사업계획서는 창업의 출발선과 결승선을 긋는 작업이라고 할 수 있다.

창업이라는 레이싱을 잘 하기 위해서 시작점과 목표, 방향을 세우는 것이다. 사업계획서를 쓰는 이유는 간단하다. 실패 확률을 줄이기 위해서다. 창업은 단지 열심히 한다고 해서 성공할 수 있는 것이 아니다. 규모의 크기를 떠나서 체계적인 운영과 경영을 위해서는 소자본 창업자라도 사업계획서를 작성해 봐야 한다.

사업계획서는 머릿속 구상을 실질적으로 따져보기 위한 준비도구다. 준비없이 시작한 사업은 구심점이 없어지게 되므로 일관성과 중심을 잃을 가능성이 크다. 성공을 보장해준다고 단언할 수는 없지만 실패는 최소화해줄 수 있는 것이 사업계획서다.

사업계획서는 생각과 현실의 오차를 줄이기 위해서 이론적 방향을 투명하게 설정해 실행가능 하도록 작성해야 한다. 지나치게 현실적이라고 할 정도로 명확하게 작성하는 것이 좋다.

먼저 창업의 비전과 목적을 정하고 기본 윤곽을 잡아야 한다. 단기 목표와 장기 목표를 설정해 전체적인 그림을 그려보면 된다.

총체적인 틀을 바탕으로 세부 내용을 적다보면 문제점을 발견할 수 있고 보완할 수 있는 방법도 찾을 수 있다. 알아보기 쉽게 작성해야 한다는 점도 기억해야 한다.

그렇다고 해서 멋들어진 디자인이 필요하다는 얘기는 아니다. 자신이 작성해서 직접 볼 문서이므로 자시의 스타일에 맞게 작성하면 된다. 타인에게 보여준다고해도 정해진 틀은 없다. 보기쉽게 명확하게 내용만 전달할 수 있으면 그만이다. 그러기위해서는 첫단추를 잘 끼워야 한다. 목차를 잘 정해야 한다는 얘기다. 여러 가지 성공사례, 실패사례를 보고 자신이 생각한 창업 전략을 사업계획서에 담는 것도 좋은 방법이다. 또한 창업에 성공해 차후 수익금을 어디에 쓸 것인지도 함께 계획을 세우면 좋다.

사업계획서에 필수적으로 들어가야 할 내용 10가지

1. 사업의 개요
2. 재무계획
3. 시장규모 및 성장추세
4. 경쟁 및 경쟁우위
5. 판매계획
6. 입지계획
7. 인원계획
8. 마케팅계획
9. 위험 요소 및 대책
10. 향후 계획

1. 사업의 개요

사업의 개요는 6W1H에 맞게 적으면 된다. 누가, 언제, 어디서, 무엇을, 왜, 어떻게 창업을 할 것인지에 대한 내용을 담으면 된다. 보기 쉽게 표로 작성해도 무관하다. 전체 사업계획서의 내용을 요약해 놓는 부분이라고 생각하면 쉽다. 개요부분에서의 골자는 어떤 아이템으로 어떻게 장사를 해서 이익을 낼 것인지가 될 수 있다.

2. 재무계획

사업계획서에서 가장 중요한 것이 재무계획이다. 극소수를 빼고 창업을 하는 이유는 모두 같을 것이다. 돈을 벌기위해서. 때문에 최대의 이익을 창출해야 한다. 손익분기점의 매출을 정확히 파악할수록 좋다. 손익분기점은 매출과 비용의 총액이 같은 상태를 말한다. 이 시점을 넘겨야 진짜 이익이 발생하는 것이다. 창업초기 투자비용을 회수하는데 걸리는 시간이라고 생각하면 쉽다. 투자한 돈을 완전히 회수할 수 있는 매출액이 얼마인가를 파악하면 손익분기점에 도달하는데 걸리는 기간이 얼마나 걸리는지 계산할 수 있다. 여기서 매출액은 1년이면 1년, 2년이면 2년 동안의 순이익을 합친 총액을 말한다.

임대료, 인건비 등 운영에 필요한 고정비와 원가 등의 변동비를 제외하고 남는 돈이다. 매출액이 손익분기점을 초과할 경우에는 이익이 발생하고 손익분기점에 미달할 경우에는 손실이 발생한다.

재무계획은 창업에 필요한 항목별 비용과 자금을 어떻게 조달할 것인지부터 시작된다. 자금이 부족해 대출을 받았다면 여기에 들어가는 이자도 손익분기계산에서 고정비로 넣어야 한다. 손익분기를 계산하기 위해서는 메뉴나 상품별 판매가격과 고객 수를 예상할 수 있어야 한다. 그래야 매출액을 짐작할 수 있기 때문이다.

해당 상권 특성을 파악해 가장 구매 빈도가 높은 핵심 수요 타겟층을 추출한 후 주변상권에 맞춰 메뉴의 단가와 영업시간대를 정해 요일에 따른 예상 고객수, 테이블 회전율, 객단가, 테이블 수를 더해 월 추정매출액을 계산하여 주 메뉴의 핵심재료, 부재료, 주류/음료를 구분해 월 추정구매비를 계산하여 도출한 후 월 추정매출원가를 계산한다. 또한 매월 고정비용 인 월세, 공과금과 더불어 매장 운영시 필요한 인원의구성에 따른 월급 등을 책정하여 계산하면 예상 수익구조가 만들어 진다.

사업계획서의 재무계획은 막상 개업을 했을 때 사업이 타당한지를 예상해볼 수 있는 가장 정확한 근거가 될 수 있다. 재무계획에서 머릿속에서 계획한 것과 달리 이익이 나지 않을 때는 잘못된 부분을 찾아 다시 설계를 해보는 것이 좋다.

3. 시장규모 및 성장추세

예를들어 자신이 자주 활동하는 지역에서 어떤 아이템이 우후죽순 생기는 것을 봤다. 초보라면 '아, 이 아이템이 요즘 잘나가는구나' 또는 '돈이 되는 장사니까 사람들이 이렇게 많이 차리는구나' 라고 생각을 할 것이다. 하지만 전문가라면 그 아이템이 위치한 시장상황을 먼저 파악하려고 한다. 이 아이템으로 장사를 하면 잠재고객이 얼마나 있을지, 앞으로 얼마나 인기가 지속될지를 알아야 한다.

창업시장에서 유행이라는 급물살을 타고 우후죽순 생겼다가 사라진 아이템을 떠올려보자. 불닭, 얼음막걸리, 육회 등 우리 주위에서 급속도로 매장이 생겼다가 1년도 안돼서 폐업한 경우를 많이 봤을 것이다. 이렇게 시장을 잘못 파악하고 뛰어들었다가 낭패를 본 사례가 많다. 손해는 고스란히 창업자의 몫이다. 가맹본사는 나몰라라 하는 경우가 대부분이다.

때문에 시장규모나 성장추세는 가맹본사의 말만 믿어서는 안된다. 직접 발로 뛰면서 상황을 파악하고 전문가의 조언을 통해 최대한 객관성을 유지해야 한다. 시장의 규모는 타깃고객층이 어느 정도인지 여기에 적합한 상권은 어디인지 수익률을 얼마며 진입장벽은 얼마나 높은지를 중심으로 이해하면 된다. 성장추세는 라이프사이클을 따져보면 된다. 시장이 성장할 수 있는 기간이 얼마나 남은지를 추측해 볼 수 있다. 라이프사이클은 크게 도입기, 성장기, 성숙기, 쇠퇴기로 나뉜다. 성숙기에 가까워진 아이템을 선택하면 얼마 재미를 보지 못하고 쇠퇴기에 접어들게 될 수 있으므로 주의해야 한다. 반면 도입기에 있는 아이템은 사업의 안정성이 보장되지 않았기 때문에 위험성을 감수해야 한다. 가장 좋은 아이템은 성장기에 접어든 아이템이다. 어느정도 시행착오를 겪고 시장에서 자리를 잡아가고 있는 단계이기 때문에 이때 시장에 합류한다면 성숙기까지는 승산있는 사업을 할 수 있을 가능성이 높다.

4. 경쟁 및 경쟁우위

이 부분에서는 '차별화'를 설명하면 된다. 비슷한 경쟁 아이템이나 주위 상권의 경쟁점포와 비교했을 때 어떤 부분에서 차별성이 있는지를 말하는 것이다. 어떤 특화된 경쟁력으로 고객을 끌어들일 수 있는지가 골자가 된다. 하지만 여기서 중요한 것은 자신이 생각한 경쟁력이 고객에게도 어필할 수 있는지를 먼저 따져봐야 한다. 고객이 그 가치를 알지 못하면 차별화 요소가 안될 수도 있기 때문이다. 경쟁력을 높이기 위한 방법에는 인테리어, 메뉴, 서비스방법, 재미, 홍보 등 여러 가지 요소가 있다. 자신에게 적합한 차별화 방법은 무엇인지 잘 구상해서 계획해야 한다.

5. 판매계획

판매계획은 대표 상품이나 메뉴를 어떤 것으로 구성할 것인지, 미끼상품으로는 무엇을 내걸 것인지 등을 계획하는 것이다. 여러 가지 성공사례와 실패사례를 보고 나름대로의 전략을 이 부분에 담아내면 된다. 여기서 어떻게 객단가를 최대화 시킬 것인지도 포함되어야 한다.

예를 들어 짬뽕전문점을 창업한다고 하자. 짬뽕은 3,500원~5,000원이고 탕수육은 12,000원이다. 메뉴가 이렇게 구성되어 있을 때 2~3명이 함께 온 손님은 짬뽕과 함께 탕수육을 시키기가 부담스럽다.

이때 미니탕수육이라는 메뉴를 만들어 가격을 반으로 낮추면 소수의 손님이라도 탕수육을 시킬 가능성이 높다. 주문을 하지 않을 수도 있는 상황에서 주문을 하도록 유도하는 것이다. 이렇게 판매계획을 세우면 객단가를 높일 수 있기 때문에 성공적인 결과를 가져다 줄 수 있다.

6. 입지계획

입지와 상권은 창업의 성패여부를 80% 이상 좌우한다고 할 만큼 중요한 부분이다. 여기서는 상권분석이 핵심이 된다. 입지는 창업자의 부족한 역량을 채워줄 수 있을 정도로 창업에서 중요한 요소다. 좋은 상권이라고 해도 어떤 곳에 입점하느냐에 따라 매출은 천차만별이 된다. 상권보다 입점 위치가 더욱 중요하다.

적어도 하루이상은 타깃 상권의 점포 앞에서 사람들의 이동 경로와 흐름을 파악해야 한다. 여기서도 부동산이나 가맹본부의 말만 믿어서는 안된다. 입지를 정할 때는 자신이 직접 발품을 파는 것이 가장 좋은 방법이다. 이때 전문가와 동행한다면 더할나위 없이 좋다.

7. 인원계획

인원계획은 종업원을 얼마나 두고 종업원 별 근무시간과 포지션은 어떻게 구성할 것인지를 말한다. 인건비도 운영에서 무시할 수 없는 지출비용이 되기 때문에 가장 효율적인 방법을 찾아 구성해야 한다. 또한 창업자가 직접 매장에 머물면서 일을 할 것인지도 인원계획에 들어가야 한다.

8. 마케팅계획

마케팅은 창업 후 매장을 어떻게 알릴 것 인가를 말한다. 마케팅도 매출과 직결될 수 있기 때문에 간과하면 안된다. 마케팅 비용은 얼마나 들일 것이며, 어떤 전략을 구사할 것인지가 핵심이다. 사전조사를 통해 어떤 방법이 가장 효율적인지를 알아봐야 한다. 구체적 자료를 토대로 창업에서의 마케팅 방법을 고안해야 한다.

9. 위험 요소 및 대책

창업은 변수가 많다. 언제 어떤 상황이 닥칠지 모른다. 예를 들면 오리바비큐 전문점을 창업했는데 조류독감의 영향으로 매출이 하락했을 때 어떻게 대처할지를 여기서 알아봐야 한다.

곳곳에 어떤 위험요소들이 있고 각 항목별 대처방안을 미리 강구해서 불확실성을 최소화해야 한다. 위험요소를 생각하지 못하고 뛰어들면 예상치 못한 상황에서 어떤 대처도 하지 못하고 낭패를 보는 경우가 생길 수 있다.

10. 향후계획

창업이 성공했을 때는 어떻게 할 것인가? 버는 돈을 그대로 모을 것인지 재투자를 해 사업의 규모를 키울 것인지도 창업 전에 계획해놓아야 한다.

매장을 확장하는 방법도 있고 다른 곳에 같은 매장을 한 개

더 오픈하는 방법도 있다. 아니면 아예 다른 업종에 도전하는 방법도 있다. 아니면 매장을 양도양수하고 이익금으로 다른 투자처를 찾는 방법도 있을 것이다.

세테크의 기본, 절세 요령

절세의 가장 기본은 성실하게 신고·납부하는 것이다. 우선 앞에서 다룬 부가가치세의 절세요령부터 알아보자.

부가가치세를 줄이기 위해서는 공제 항목을 꼼꼼히 따져봐야 한다. 부가세 공제는 크게 의제매입세액공제와 신용카드발행 세액공제가 있다. 의제매입세액공제는 음식업자가 구입하는 농산물 구입가액 중 일정비율을 매입세액으로 인정해 부가가치세를 돌려주는 제도다. 공제율은 2/102인데 음식점의 경우 법인은 6/106, 개인은 8/108 만큼 부가세를 공제 받을 수 있다.

신용카드 매출세액 공제 제도는 카드매출액 중 일정액의 부가가치세를 면제해주는 제도다.

카드 결제를 유도해 자영업자의 과표를 양성화하고, 세부담을 줄여주기 위해 도입했다. 음식·숙박업 간이과세자는 2.6%, 기타 일반 업종은 1.3% 부가세를 공제 받을 수 있으며, 한도는 연간 700만 원이다.

사업자등록을 제때 하는 것도 세금을 줄이는 방법이다. 부가가치세법에서는 '사업자등록을 하기 전의 매입세액은 매출세액에서 공제하지 않되, 예외적으로 사업자등록 신청일로부터 역산해 20일 이내의 매입세액은 공제할 수 있다'고 규정하고 있다.

인테리어에 들어간 지출비용을 매입세입공제를 통해 부가세를 절감할 수 있다는 얘기다.

인테리어 공사가 완료되거나 비품 등을 구입한 날로부터 20일을 지나서 사업자등록을 신청하는 경우에는 그 매입세액을 공제받을 수 없다. 즉, 사업자등록 신청일로부터 역산해 20일이 지난 매입세액은 공제받지 못한다.

만약 사업을 개시한 날로부터 20일 이내에 사업자등록을 신청하지 않은 경우에는 당 과세기간까지의 매출액에 대해 1%간이과세자는 0.5%의 가산세를 부담해야 한다. 사업자등록을 신청하지 않은 것은 조세범칙 행위로 50만 원 이하의 벌금이 부과될 수 있다.

창업 후 운영 중 신고기한까지 신고를 하지 않을 때도 가산세가 부과된다.

무신고가산세와 세금계산서합계표 미제출가산세일반과세자만 해당, 공급가액의 1/100 등을 부담해야 한다.

무신고가산세는 납부세액×20%부당무신고일 경우 40%으로 계산되며, 미제출가산세는 공급가액의 1/100이다. 신고기한 경과 후 1개월 내에 신고하는 경우에는 가산세가 50% 경감된다.

요리메뉴 **10% 할인** 상품권

본 쿠폰은 굴마을 안산점에서만 사용가능 합니다.
(사용기간 : 2011년까지)

※ 본 쿠폰은 실제 사용가능하며, 개선 시 제시해 주십시오.

※ 본 쿠폰은 실제 사용가능하며, 계산 시 제시해 주십시오.

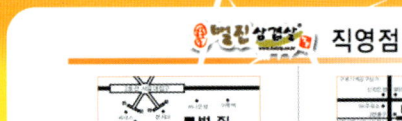 직영점

서울대점: 02-3285-3392
구로역사점: 02-2637-5858

신촌점 02-323-0772
영등포점: 02-3667-9783

 생생돈까스 외식상품권
생생돈까스 방문고객을 위한 특별한 혜택

- 본 상품권은 생생돈까스 부천중동점 및 파주LCD점에서만 사용하실 수 있습니다.
- 본 상품권은 현금으로 교환되지 않으며, 결제시 차액금도 반환되지 않습니다.
- 본 상품권이 식별이 불가능할 정도로 훼손된 경우에는 사용하실 수 없습니다.
- 본 상품권의 유효기한은 2011년 12월 31일까지입니다.
- 본 상품권 이용에 따른 문의사항은 당사로 연락주시기 바랍니다.

(주)에버리치 F&B 서울특별시 강남구 역삼동 789-12 안진빌딩 3층 전관
3F Anjin Bldg, 789-12 Yeoksam dong, Gangnam Gu, Seoul, Korea

쿠폰사용방법
◆ 메뉴주문시 쿠폰권을 미리 제시해주세요.
◆ 메뉴주문시 테이블당 1매에 한하며, 현금으로 교환되지 않습니다.
◆ 본 쿠폰은 타 쿠폰과 중복할인 되지 않습니다.
◆ 본 쿠폰은 솔레미오 전 매장에서 사용 가능합니다.(부천본점, 이수점 제외)
◆ 유효기간을 지켜주세요.

http://www.솔레미오.kr
고객상담실 02)2291-2500

5시 ~ 9시 방문고객
와바 안주 50% 할인

1. 와바 직영점에 한하여 사용가능합니다. 단 와바세트 과일포는 제외입니다.
2. 테이블당 1매 사용가능하며, 주문전에 제시해 주세요.
3. 추가식사 주문시 사용가능하며 포장은 되지않습니다.
4. 타 할인 쿠폰 및 기타행사, VIP카드와 중복 사용할 수 없습니다.
5. 유효기간 : 2011년 12월 31일까지

10% 완산골명가 할인쿠폰

전주콩나물국밥 완산골명가와 함께
2011년 속 시원한 한 해 되세요!

※ 쿠폰사용 유효기간 : 2011년 12월 31일

유효기간: 2011.12.31까지

쿠 폰

① 숙 회 ② 전 골 ③ 추어불고기
3가지중 한가지 주문시
추어고추군만두 서비스

※ 해당점포 : 춘향골 남원추어탕 전가맹점

www.yodduk.co.kr

요런떡볶이
전국지점에서
사용이 가능합니다.

탕수육 주문 시 **떡볶이 1인분** 제공

COUPON   ※ 사용기한 2011. 12. 31 까지

직영점

강남점 :	02-553-8279	동춘점 :	032-819-3834	양재점 :	02-572-0581
광주점 :	062-234-6541	방배점 :	02-586-8556	역삼점 :	02-563-9772
구리점 :	031-554-3122	서초점 :	02-522-5687	연신내점 :	02-354-4202
구월점 :	032-428-8943	선릉점 :	02-568-7980	영등포점 :	02-2069-0901
길동점 :	02-470-8579	신문로점 :	02-722-0772	포항점 :	054-274-8448
대구점 :	053-525-8822	신사점 :	02-3443-4214	홍대점 :	02-333-8559
도곡점 :	02-571-8556	양재2호점 :	02-521-1622	여의도점 :	02-761-4967
				동여의도점 :	02-780-6677

유의사항

- 본 쿠폰은 완산골명가 모든 가맹점에서 모든 메뉴에 사용가능합니다.
- 본 쿠폰은 테이블 당 1매 사용 가능합니다.
- 본 쿠폰사용 유효기간은 2011년 12월 31일까지입니다.
- 본 쿠폰은 타쿠폰과 중복사용 불가능합니다.
- 본 쿠폰에 대한 문의는 전화 02-553-2813으로 문의주십시오.

홈페이지 http://www.wansangol.com

◆ 이용안내

1. 본 쿠폰은 (주)춘향골 프랜차이most 사업본부에서 발행한 상품권으로서 춘향골 남원추어탕 전가맹점에서 사용하실 수 있습니다.
2. 고객님의 소중한 연락처를 남겨 주시면 춘향골 행사시 문자메세지를 발송 해드립니다.

※고객님 연락처 H.P :

※사용문의※
(주)춘향골
서울특별시 송파구 오금동10-3
02)588-1984

◆ 고객과의 약속

1. 춘향골의 전체인점은 살아있는 생 미꾸라지 만을 사용하여 고객에드실 소중한 음식을 만듭니다.
2. 춘향골은 최상의 재료만을 엄선하여 골라 사용하며 믿고 드실 수 있는 음식을 만듭니다.
3. 춘향골은 남은 음식을 절대 재 사용하지 않습니다.

www.yodduk.co.kr

FREE COUPON

펀비어킹 할인쿠폰 이용안내

- 이 할인 쿠폰은 테이블당 1매 사용가능 합니다.
- 이 할인 쿠폰은 현금과 교환하지 않습니다.
- 이 할인 쿠폰은 방배점에서만 사용 가능합니다.
- 이 할인 쿠폰의 유효기간은 2011년 12월 31일 까지 입니다.

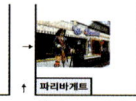

주소 : 서울시 서초구 방배동 909-11 1층
TEL : 02)584-7717

유용한 창업관련 사이트

소상공인 종합정보 www.sbdc.or.kr
중소기업청 www.smba.go.kr
중소기업진흥공단 www.sbc.or.kr
하이서울창업스쿨 www.school.seoul.kr
인하대학교 창업지원센터 www.ibic.or.kr
소상공인 e-러닝센터 edu.seda.or.kr
여성인력개발센터 www.vocation.or.kr

매년 열리는 주요 창업관련 박람회 LIST (변경될 수 있음)

박람회 명 : 프랜차이즈 서울
주관 : 월드전람
장소 : 코엑스(COEX)

박람회 명 : 프랜차이즈박람회
주관 : 한국프랜차이즈협회
장소 : 세텍(SETEC)

박람회 명 : 한국창업산업박람회
주관 : 제일좋은전람
장소 : 세텍(SETEC)

박람회 명 : 소상공인창업박람회
주관 : 경기도
장소 : 고양 킨텍스(KINTEX)

박람회 명 : 대전창업산업박람회
주관 : 제일좋은전람
장소 : 대전김대중컨벤션센터

박람회 명 : 부산창업박람회
주관 : 선인 커뮤니케이션
장소 : 벡스코(BEXCO)

박람회 명 : 프랜차이즈·창업 부산박람회
주관 : 부산상공회의소
장소 : 벡스코(BEXCO)

박람회 명 : 대구창업산업박람회
주관 : 제일좋은전람
장소 : 엑스코

Secret 창업성공

2011년 9월 10일 초판 1쇄 발행
2014년 1월 10일 초판 4쇄 발행

저　　자　윤인철 · 이호 · 전한솔 공저
발 행 처　크라운출판사
신고번호　제300-2007-143호
발 행 인　李 尙 原
주　　소　서울시 종로구 율곡로 13길 21
대표전화　(02) 745-0311~3
팩　　스　(02) 766-3000
홈페이지　http://www.crownbook.com

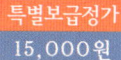

ISBN 978-89-406-8945-5
Copyright ⓒ 2014 CROWN Publishing Co.

이 책의 해외 판권에 대한 문의는 crown@crownbook.com으로 하시길 바랍니다.
주소 : 서울시 종로구 율곡로13길 21(연건동) 크라운빌딩 301호 해외사업부
전화 : +82-2-6430-7023, 팩스 : +82-2-766-3000

Regarding the copyright in overseas, please send inquiry to crown@crownbook.com.
Address: Overseas Division, RM 301 Crown Bld., 21 (Yeongon-Dong) Yulgok-Ro 13-Gil, Jongro-Gu, Seoul, Korea
Tel : +82-2-6430-7023, Fax : +82-2-766-3000

关于海外版权的相关事项, 请咨询 crown@crownbook.com.
地址：韩国首尔锺路区栗谷路13街(莲建洞)21, 皇冠大厦 301室 海外事业部
Tel : +82-2-6430-7023, Fax : +82-2-766-3000